U0947458

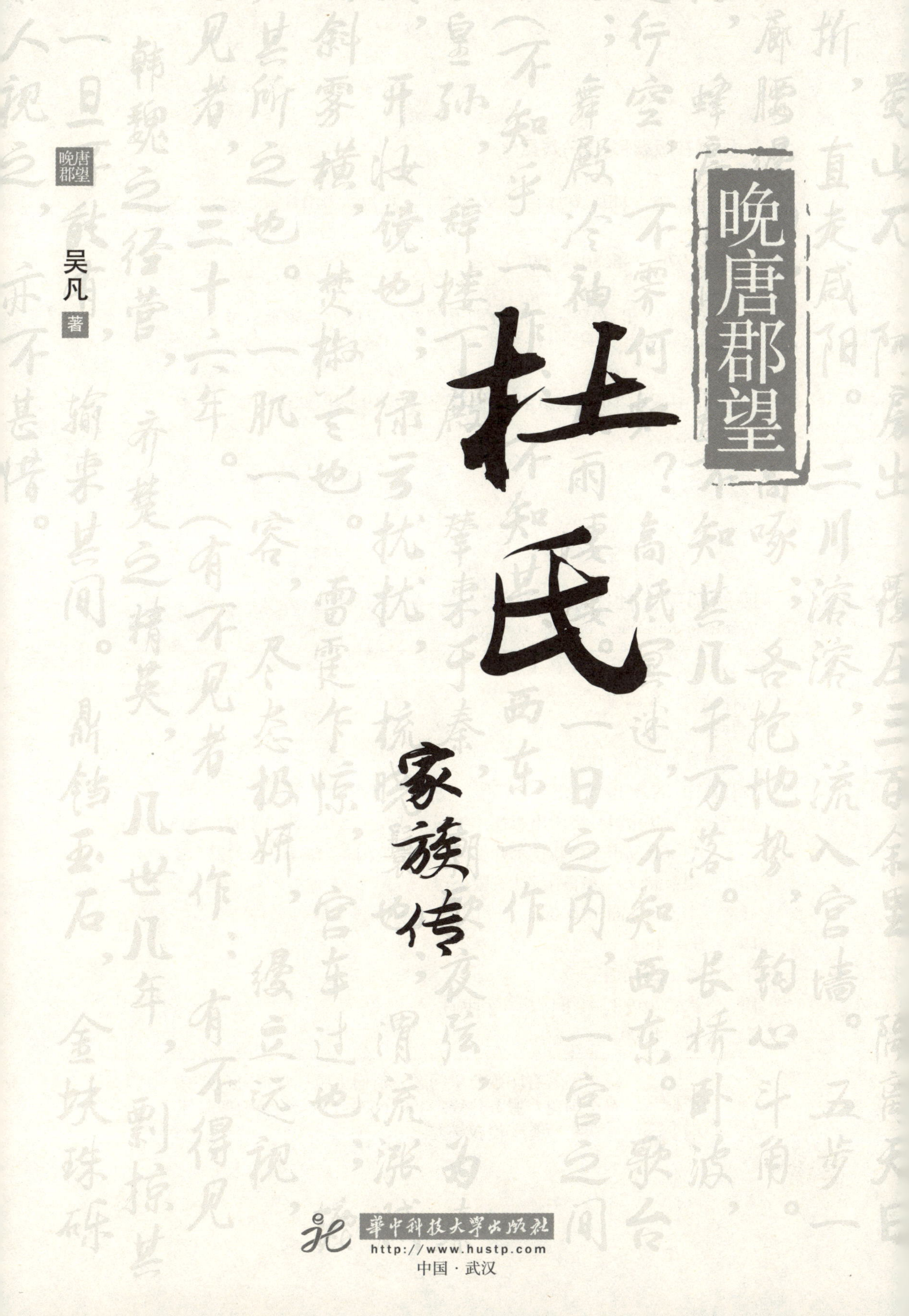

晚唐郡望

杜氏家族传

吴凡 著

華中科技大學出版社
http://www.hustp.com
中国·武汉

图书在版编目(CIP)数据

晚唐郡望：杜氏家族传 / 吴凡著. —武汉：华中科技大学出版社，2019.7

ISBN 978-7-5680-4009-9

Ⅰ. ①晚… Ⅱ. ①吴… Ⅲ. ①杜佑（735-812）—家族—史料 Ⅳ. ①K820.9

中国版本图书馆CIP数据核字（2019）第090115号

晚唐郡望：杜氏家族传
Wantang Junwang：Dushijiazuzhuan

吴 凡 著

策划编辑：张 丛
责任编辑：沈剑锋
责任校对：曾 婷
封面设计：四方工作室
责任监印：朱 玢
出版发行：华中科技大学出版社（中国·武汉） 电话：（027）81321913
武汉市东湖新技术开发区华工科技园 邮编：430223
印 刷：武汉科源印刷设计有限公司
开 本：710mm×1000mm 1/16
印 张：18
字 数：234千字
版 次：2019年7月第1版第1次印刷
定 价：48.00元

序

在中国，我们经常会听到这样的话：500年前是一家。这话不是纯粹的客套话，而是有一定的道理。只不过，这句话完整的、准确的表述应该是：同姓同宗的500年前是一家，不同姓不同宗的5000年前是一家。

在四大文明古国中，只有中国文化源远流长，延续了数千年。中国能够在政治上维持长期的大一统，在文化上源源不断，延续至今，恐怕宗族的维系是其重要原因。孙中山先生说："《族谱》记述的中华民族由宗族的大团结，扩大到民族的大团结，这是中国人特有的良好传统观念。"

可以说，姓氏是文明之曙光，是血缘之标志，是婚姻之纽带，是部族之开端，是国家之根基。国人有崇尚祖宗、膜拜祖宗的传统，记述先辈事迹，代代不息，书写着中华儿女的传奇。

杜姓是中华民族中的一个姓氏。它源出于黄帝，以树为姓，经过繁衍生息，其子孙遍布华夏大地，旅居海外的也不在少数。在2015年国务院人口普查办公室第六次人口普查数据统计的《百家姓》①中，杜氏总人口约480万，约占全国汉族人口比例的0.4%，排名第53。虽说其人口不到李姓（约9528

---

① 《百家姓》是一本关于中文姓氏的书，成书于北宋初。原收集姓氏411个，后增补到504个，其中单姓444个，复姓60个。

万）、王姓（约8892万）、张姓（约8484万）、刘姓（约6456万）的十分之一，但是杜姓也是历史悠久的姓氏，在数千年的发展中，涌现出无数的英雄豪杰，为中华民族辉煌的历史做出了不可磨灭的贡献：

杜赫、杜预、杜洪、杜骥、杜袭、杜叔毗、杜慧度、杜渐、杜桐、杜松、杜周、杜延年、杜邺、杜林、杜锡、杜承志、杜庭诚、杜如晦、杜淹、杜元颖、杜审权、杜让能、杜黄裳、杜佑、杜悰、杜正伦、杜鸿渐、杜逞、杜晓、杜衍、杜防、杜范、杜笃、杜林、杜广存、杜审言、杜甫、杜牧、杜环、杜瑛、杜锡圭、杜聿明、杜心如、杜从戎、杜光预、杜易、杜星恒、杜长工、杜义德、杜玉福、杜平、杜玉铭、杜鹏程、杜润生、杜岚、杜荣坤……

由于篇幅有限，本书没有办法对拥有悠久历史的杜姓名人逐一进行介绍，而是以杜姓起源、发展为经线，以黄帝时期至唐代的杜姓为纬线，重点介绍杜氏的兴衰际遇，尤其是唐朝京兆杜氏，如三朝宰相、史学大家杜佑、大诗人杜牧。

此外，杜氏经历了数千年的发展变化，相关的史料遗失、记载矛盾甚多，且学术界对诸多问题存在争议，笔者在努力甄别的同时，采纳学术界较为认同的观点，在此作下说明。

由于作者学识能力有限，在写作过程中，难免会有不足，挂一漏万，还望海内外的读者批评指正。

作者书于北京

2018年3月8日

目录
CONTENTS

第四章 没落

第五章 复兴

第六章 奋进

第七章 变局

第八章 游宦

第九章 京官

第十章 外放

第十一章 淮南

第十二章 辅政

第十三章 显赫

第十四章 巨变

第十五章 科举

第十六章 府吏

第十七章 刺史

第十八章 陨落

源　　起

酒神杜康

酒之所兴，肇自上皇，或云仪狄，一曰杜康。有饭不尽，委余空桑，郁结成味，久蓄气芳，本出于此，不由奇方。

——晋代江统《酒诰》

在《世本》[①]中有关于杜氏的记载，如“杜康作酒”的故事，并注为“黄帝时人”。而中国有史记载第一篇禁酒令的《尚书·酒诰》也有相关记载：“酒之所兴，肇自上皇。”从古书的记载上看，杜姓早在黄帝时期就已经存在了。

那么杜康是什么样的人呢？由于年代久远、史料缺乏，我们只能从民间传说中得知一二。当然，由于民间传说较多，我们在这里只举一例：

黄帝时期，有一个叫杜康的人，专门负责粮食管理。在当时，随着农耕技术的发展，民众所生产的粮食越来越多，政府所征收的粮食也越来越多，以至于到最后，只能将剩余的粮食储藏到山洞里。但是，由于当时的储存技术尚不发达，粮食很快就腐烂了。对此，杜康苦思冥想，想要解决粮食烂掉这个

① 由先秦时期史官修撰，记载从黄帝到春秋时期帝王、诸侯、卿大夫的世系和氏姓，也记载帝王的都邑、制作、谥法等。

问题。

有一天，杜康闲来无事，便到树林里散步，走着走着，他发现了几棵枯死的大树，这些大树只剩下粗大空荡的树干。杜康灵机一动，就让人将粮食搬过来，放到树干里封存。过了一段时间，杜康前来查看粮食，结果发现，枯树前横躺着野猪、山羊和兔子。杜康连忙赶过去查看：原来是树干裂开了几道裂缝，“水”从里面往外渗。而这些动物之所以横躺着就是因为喝了这些“水”。

杜康觉得不可思议，便也尝了起来，结果他发现非常香甜可口。于是，杜康便将这些水带回家，请大家品尝。大家喝过之后交口称赞，都说味道好。酒就这样在民间普及开来，而杜康也因此被称为“酒神”。

那么，杜氏的根在哪里？数千年的发展，数千年的融合，想要细究杜氏起源显然有些难度，据史书记载，目前主要有两种说法。

一种说法是，杜氏起源于姜氏，即神农氏。从本意上说，杜是一种树木的名，也叫甘棠，即杜梨。甘棠属于蔷薇科，落叶乔木，其枝常有刺，小枝显紫褐色，叶片呈菱状卵形，或者长卵形，枝叶可以入药，味涩使人很难下咽。引申之意有堵塞、断绝、排斥、拒绝等。

在中国古代陕西长安地区长有一种杜梨树。据说，这是神农氏中一个部落所擅长栽培的树，叫社树，即神树。在数千年之前，盛行图腾崇拜，这个部落也不例外，他们以杜梨树为氏族的原始图腾，以命氏族名，以杜命居地名，建立国家，后称杜城，最终形成国和姓。这可能是杜氏最早的起源。

杜康像

杜氏兴起后，于商朝末年归顺周朝。但是此后的史书没有关于姜氏后裔的记载，极有可能融于祁姓。

另一种说法是：杜氏起源于祁姓，也就是黄帝。

众所周知，黄帝和炎帝是中华民族的始祖，生活于距今五六千年的古代。黄帝有25个儿子，枝繁叶茂，最终形成了14个姓氏。其中，有一支传到了尧这一代，也就是黄帝的第五代孙。尧雄才伟略，很有本事，被推举为华夏部落军事联盟首领。

不过，很多人会提出这样的疑问：黄帝姓姬，尧肯定也姓姬，那么杜氏起源于祁姓，又从何说起呢？其实，这里面有一个小故事。尧作为黄帝的后裔子孙，自然是姓姬，但由于其母亲庆都是在祁地生下的他，所以，他又以祁为姓。于是，就有了杜氏源于祁姓之说。

然而，喜欢读历史的人还是会有疑问，既然尧姓祁，那么为什么历史上说常常称呼尧为“唐尧”呢，难不成尧还姓唐？其实，这里面也有故事。

在古代，中国传说的“帝”都有氏号，比如黄帝轩辕氏、炎帝神农氏等，尧的部落也有氏号。由于尧的部落精于农耕、善于制作陶器，又曾经在唐（今河北唐县）、陶（今山东定陶）地居住，所以人们称其为陶唐氏，于是尧就有帝尧陶唐氏之美称，也单称为“唐尧”。

尧被推举为首领后，定都于阳（今山西临汾）。尧当上皇帝后，团结各个部落，重视农耕，率领百姓耕作，制作陶器和货物交换，充分展现了治国理政的才华，使得民众安居乐业，政治清明，“含和万国”。而由于他任人唯贤，带领民众治理洪水，颇有功绩，又被人们称为“文祖”。

岁月不饶人，转眼间，尧已是七十多岁的老人。人生七十古来稀，尧自知自己年老体衰，难以掌国，便开始准备选择继承人。当时，由于他声望很高，有人推荐他的儿子丹朱为继承人。但是，知子莫若父，尧深知自己的儿子德薄才疏，难成大器，便选择舜作为继承人。这也就是历史上赫赫有名的“尧舜禅让”。

后来，我们知道舜也成为一代明君，并将帝位禅让给禹。三过家门而不入的大禹也是一代明君。大禹登上皇帝的宝座后，分封丹朱于唐。丹朱与其家人就在唐这个地方生活。

御龙氏与杜村

> 公（刘累）诞生时，两手握拳凡三年。张开时两掌现龙纹，并有文在手曰：累，因以为名。事夏孔甲，公学扰龙於豢龙氏，十岁能扰龙。夏孔甲帝时天降二龙于朝，雌雄各一，帝令累公饲养，公能饮食之，帝嘉，于孔甲三年甲辰（公元前1877年）晋封累公为右丞相，并御赐累公为御龙氏。
>
> ——《平顶山圣贤——夏代养龙专家刘累》

岁月流转，人类在时间的长河里演绎一代又一代的故事。唐国也是如此，只是到了夏朝中后期，境况已经大不如前。其中，一支外迁，渡过黄河，在今河南鲁山的刘村定居，更姓刘氏。随后，这个分支在当地建立了刘国。不过，他们依旧归属于夏朝。

刘氏贵族刘累曾经向豢龙氏学驯龙技能，拥有一身好本事。当时，天降雌、雄二龙，孔甲自己不会养，遍寻高手，得知刘累有驯龙本事便任命他为驯龙的官员，并封他为“御龙氏”。

龙是炎黄以来华夏族的图腾崇拜物，这两条龙自然是神龙。但是，孔甲昏庸残暴，竟然将死去的雌龙煮了吃，还觉得味美无穷。紧接着，他竟然下令刘累四处去寻找雌龙驯养，以便满足其私欲。

刘累心里非常清楚，神龙乃天赐，怎么可能找得到。如果继续待在昏君身边，迟早会身首异处。于是，他悄悄地逃回老家。但是，普天之下，莫非王土；率土之滨，莫非王臣，刘累的潜逃引发家族的灭顶之灾。他的逃跑惹怒了孔甲，孔甲龙颜大怒，随即下令剿灭刘累先祖的姬姓唐国。

小国怎能挡得住中央军的围剿，唐国很快战败，民众作鸟兽散，唐国亡国了。其中一支逃难到今山西太原重新复国，建立北唐国，和冀城故唐国相区分。

而夏朝的局势也是每况愈下，到了夏朝桀时代，朝政败坏，地方势力崛起。在夏朝和地方势力的角斗中，刘累的后裔以及太原的北唐国及翼城等地的姬姓民众，弃暗投明，坚决支持成汤。

史书记载：夏桀所统率的主力被成汤所率领的军队打败，一路后退，撤到鸣条（今山西夏县故夏邑城）。成汤的商军包围了夏都。在攻城的关键时刻，故唐国余众和商军里应外合，攻克了夏都，俘虏了夏桀。在攻灭夏朝的行动中，他们立了大功。

由于灭夏有功，商汤恢复了原先被夏朝灭亡的唐国，史称“南唐”；并封刘累的后裔于韦地，称韦国（在今河南滑县东南），用祖姓。就这样，唐国与商朝兴衰紧紧联系在一起。

刘累

不过，商朝到了商纣王时期，内忧外患，最终被西周取代。一朝天子一朝臣，周朝建立后，跟商朝走得近的唐国等自然被冷落。其中，西唐竟然铤而走险，在周成王时期，暗中联络商纣王之子武庚，起兵反叛，企图恢复夏朝。

不过，这场叛乱终究被周公旦镇压下去。成王败寇，西唐也随之不保，被周军攻灭，周朝封虞为唐王，而原来的西唐民众被周王朝强制迁到周朝镐京（今陕西长安区的镐京村）东南的杜村（今长安曲江乡三兆村南）。

杜村的由来与杜有关。据传姜姓炎帝后裔曾居住在这里，由于崇拜杜树便称此地为杜。后来，唐国民众被迁到这里后，就以杜为国名，史称杜国，也叫唐杜氏。

也许是上天垂怜，经过了战乱迁徙之后，杜国的命运有了新的变化。在几代人的努力下，杜国经济发展迅速，人口众多，国力较强，成了周王朝的亲近国。

到了杜伯这一代，杜国的实力更加强大。周王朝非常欣赏杜伯，将他调到中央工作，并封他为伯爵。而周宣王对杜伯更是厚待，每次巡视杜国必定下榻杜伯家，还下令工匠铸铜礼器赏赐杜伯。

然而，这种幸运并没有持续很长时间。到了周宣王后期，杜国又陷入了亡国的危机之中。虽然杜伯德高望重，刚正廉洁，对周王朝颇有贡献，但是周宣王本人昏庸，偏听偏信，将无罪的杜伯下狱并杀害。

无罪而被处死的消息传到杜国，杜国举国愤怒，咬牙切齿，待机报复周宣王。三年后，周宣王到杜国打猎。听到这个消息后，有人化装成杜伯的样子，袭击周宣王，他持弓射箭，射中周宣王的脊梁，而后高喊为杜伯报仇后自杀。周宣王受伤回京后，勃然大怒，派兵灭了杜国。不久后，周宣王去世。

继承王位的周幽王生怕杜伯的冤魂来报仇，便以“伯”的礼仪安葬杜伯，并下令修建杜伯祠。

虽然周幽王厚葬了杜伯，但是杜国却发生了变化。郑樵《通志·氏族志》说：周宣王灭杜伯国，“杜伯无罪，子孙分适诸侯，居杜城者为杜氏”。意思是，杜伯被杀后，有些人留在故地，以国为姓，有些则逃往其他诸侯国避难，比如杜伯的儿子隰叔逃奔晋国，后来在晋国当官。

起起落落

原欵，晋太子申生太傅。临危时谓曰：欵也不才，自知不敏，故有今日之难，臣不敢偷生爱死，然太子不从吾之谏，以至今日祸，临请必无悔，且臣闻死不迁情曰义孝也，杀身以成志仁也，死不忘君敬也。后文公追赠太师。

——《京兆杜氏宗谱》

虽然说杜氏的起源能够追根溯源，但是杜姓本祖是哪一支脉呢？杜姓的居住地或迁徙地很多，比如陕西就有多个地方，长安的杜陵、杜陵原、杜曲，西安的杜城、杜村等，但是遗憾的是，这些地方的杜姓并没有留存下相关家族世系的明确的历史记载，只有从杜伯国迁往晋南的历史有据可考。

《左传》僖公四年（公元前656年）记载：晋国公室官吏杜原款（古为“欵”），在晋献公时期任职，担任太子申生的老师。此人博学多才，用心辅佐太子，教太子读书，两人关系密切。

但是，晋献公迎娶戎国（在今陕西临潼）女骊姬为妃后，宠爱骊姬，对她是言听计从，百依百顺。为了废太子，改立自己亲生儿子为太子，骊姬暗中使坏，让人诬陷太子申生企图弑君夺位。晋献公暴跳如雷，不问真假，就下令诛杀太子。申生不想坐以待毙，直接逃到他国。

太子逃走，老师遭殃。怒气未消的晋献公将所有的怒火全部倾泻到杜原款身上。君要臣死，臣不得不死，杜原款欲辩无门，被处死。杜原款被杀后，这一脉的杜氏有无受牵连，我们不得而知，因为此后关于杜原款这一支脉的记载一片空白。

也因为这点，杜氏后人没有将杜原款当作本祖，而是将有世系可考的鲁国人杜泄奉为本祖。杜泄的先辈是从杜国迁徙到鲁国的。西周晚期，杜泄的先辈不知出于什么原因，从杜国渐次迁于鲁国（今山东曲阜一带）定居。传到春秋时期，才有杜泄的记载。

春秋后期，鲁国的国政几乎被季孙、叔孙、孟孙三家所控制。这三家把控朝政并掌控军队，使得鲁国国君成为傀儡。鲁昭公时期，叔孙豹聘请杜泄为家臣。这时候，杜泄二十出头，正值青春年少之际，他尽职尽责，为叔孙豹效力。不过，随着三家势力的此消彼长，局势出现了变化。

鲁定公时期，季家的势力最强，独掌朝纲，颐指气使，嚣张跋扈，无恶不作。而不巧的是，就在这个时候，叔孙豹撒手人寰。按照当时的礼仪，叔孙豹是卿，要以卿的礼仪安葬。不过，作为政敌的季家却下令，不允许以卿的规格来安葬叔孙豹。

杜伯

杜泄等人愤怒异常，他们没有屈服于强权，而是按照卿的礼仪安葬了叔孙豹并且用周王赏赐的宝器陪葬。季家得知消息后，恼羞成怒，想要捕杀这些抗命的家臣。

在这生死关头，杜泄选择了出逃，他带着家人逃出鲁国，奔赴楚国，投靠楚昭王，楚昭王厚待了杜泄一家。

杜泄一家定居郢后，得到了楚国皇室的重用。楚惠王征召杜泄为官。杜泄去世后，其子孙也都在楚为官，杜泄的子孙在楚国立稳了脚跟。楚肃王时期，杜泄的孙子杜段任楚国大夫，而其弟弟杜挚则到秦国为官。

楚顷襄王时期，杜段去世，但其子杜赫没有承袭他的官职，而是另投他处。杜赫文武双全，尤其擅长军事，领兵打仗屡立战功。但是，他倾慕秦国，对秦国进行商鞅变法极为赞同，对秦国改革后逐渐强盛极为看好，于是便前往秦国，寻求官职。

由于其叔叔杜挚曾任职于秦国，所以杜赫谋求官职较为顺利。后来，秦昭襄王进行了秦国内部的统一战争。在这次统一战争中，杜赫脱颖而出，他身先士卒，屡出妙计，斩获无数，被秦昭襄王封为大将军，赐封地于南阳衍邑（今河南南阳）。因为其封地为衍邑，所以后人也称之为杜衍。

秦庄襄王时期，杜赫去世，其子杜秉承袭其官职，任党郡（今山西长治）太守。此后，杜赫一脉在秦国繁衍生息。

而杜赫的叔叔杜挚迁到咸阳后，也有所发展。但是，由于史料等缺失，我们不知道其子孙名字，只知道传到西汉，有杜穉。杜穉从咸阳迁居霸陵（位于西安东郊白鹿原东北角，即今西安霸桥）。然而，搬迁到霸陵后，杜穉并没有谋求一官半职，而是和他的儿子杜苍深居简出，修身养性，终了一生。杜苍的儿子杜信也没有当官，而是成为一名医生。这种情况直到杜信的儿子杜勋长大才得到改变。

杜勋长大后入伍从军，曾于汉元帝建昭三年（公元前36年）之职跟随陈汤的大军讨伐匈奴。在血与火的战争中，杜勋九死一生，但最终立下战功。

第二章 荣辱

光武帝重臣杜林

杜邺，字子夏，本魏郡繁阳人也。祖父及父积功劳皆至郡守，武帝时徙茂陵。邺少孤，其母张敞女。邺。邺壮，从敞子吉学问，得其家书。以孝廉以郎。

——《汉书》

中原（今河南）的杜姓人是战国末期或秦朝从秦国都城咸阳迁居，于汉武帝时期又相继西迁到长安的郊区。

秦惠公时期，杜赫的一个弟弟，没有跟随杜赫去秦国，而是迁居魏国阳（今河南内黄东北）。这一脉在此地生存发展，很快就成了实力较为强大的家族。到了汉武帝时期，其豪族被强制迁到茂陵（今陕西兴平北）。迁到茂陵后，该豪族未受到大的打击，到了西汉末年，该豪族出了一位极为有名的人物：杜邺。

虽然说杜邺后来功成名就，光耀门楣，但是他的成功背后却都是汗水和付出。在他很小的时候，他的父亲就去世了，留下幼小的他和母亲相依为命。在封建时代，孤儿寡母难以生存，所幸杜邺的外祖父接纳了他们。于是，杜邺便和他母亲寄居在外祖父张敞家。

在外祖父家里，杜邺得到了很好的教育，其舅父张吉本身博学多才，便谆谆教诲，而杜邺本人也聪慧好学，学业大有长进。汉哀帝即位后，杜邺在朝廷谋了个官职，担任御史大夫，出任凉州（治所在今甘肃张家川回族自治县）刺史。在凉州担任刺史期间，也刚好是西汉帝国式微的时期，于是一些居住在都城的人为了躲避汉末之乱便随之迁居凉州。

杜邺一生有几个儿子，其中较为有名的是杜林和杜成。杜林从小受到良好的家庭教育，又得到有所成就的表叔张竦的教诲，博通经史。长大后，他在王莽新朝里担任扶风（治所在今陕西兴平）郡吏。然而，王莽篡汉后，新朝并没有蒸蒸日上的气息，反而政治混乱，战乱频仍，各地起义不断。结果，没多久，农民起义军便攻克了都城长安，诛杀王莽，帝国陷入了四分五裂的斗争之中。

为了躲避战乱，杜林和弟弟杜成带着族人迁居到河西（今甘肃武威），不少茂陵的杜姓人也随之迁居于此。然而，避乱不代表无所作为，在河西地区，杜林等人关注着政治局势，并与当地大军阀隗嚣有往来。西汉末年时期，他认为天下必定归于汉武帝刘秀，于是劝隗嚣投靠刘秀。但是，隗嚣没有采纳他的意见。后来，杜林以送弟弟杜成灵柩返回故乡为由离开了隗嚣。安葬完弟弟之后，他前往洛阳拜见光武帝刘秀。刘秀是求贤若渴的君主，亲自接见了杜林，并盛赞他不做隗嚣的官吏，是弃暗投明，并赏赐御衣、车马，任命他为光禄卿。杜林清正廉明，又富有才气，深得光武帝刘秀的喜欢。

光武帝刘秀

皇太子刘强在其母亲郭皇后（名圣通）被废后，深知太子之位早晚不保，便主动让位于阴皇后（名丽华）

的长子刘庄。结果，此举深得刘秀的欢心，刘秀封刘强为东海王，任命杜林为其老师。

虽然刘强已经不是太子，政治前途未卜，但是杜林依旧尽心教导，将刘强培养为优秀的东海王。此外，杜林还辅佐东海王治理王国，他尽心尽力，东海王国呈现一片欣欣向荣的景象。

光武帝刘秀得知后，征调杜林回京都洛阳担任少府卿。建武二十二年，由于工作做得不错，汉光武帝刘秀又给杜林升职，任命他为大司空，成为“三公”之一的高官。不过，不幸的是，位高权重的杜林在次年就病倒，不久就去世。其子杜乔，后来官至丹水（今陕西商县）长。

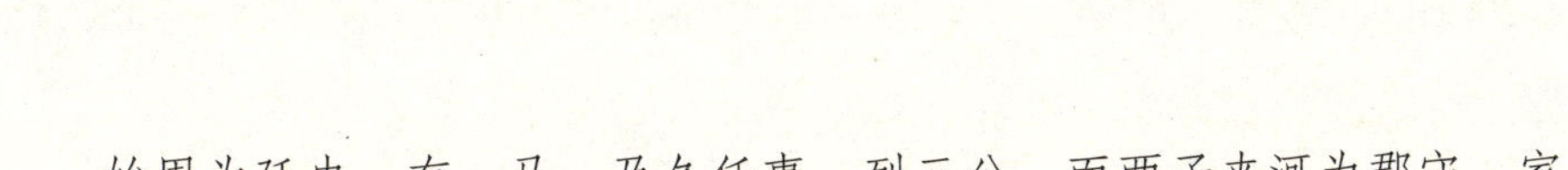

汉武帝宠臣杜周

> 始周为廷史，有一马，及久任事，列三公，而两子夹河为郡守，家资累巨万矣。治皆酷暴，唯少子延年行宽厚云。
>
> ——司马迁《史记》

《新唐书·宰相世系二》说：杜赫的儿子较多，其中有一个叫杜秉，在秦国担任官职；封于南阳衍邑的杜赫后裔也有较为有名的，如杜得臣。杜得臣成长的时代，刚好是秦末烽火连天的岁月。在兵荒马乱中，杜得臣决定搏一把，于是从戎，开始刀尖舔血的军旅生涯。他投靠刘邦起兵反秦，屡立战功，被封为中郎将。后来，他又参与楚汉之争，立下了汗马功劳，刘邦定都长安后，论功行赏，杜得臣被封为棘阳侯，家居南阳（今属河南省），汉文帝五年病逝。至于杜得臣的子孙发展如何，史书缺乏记载，我们不得而知。

杜秉有个儿子叫杜札。汉文帝至汉景帝时期，杜札担任南阳太守，过完其并无多大亮色的人生。不过，其子杜周则是京兆杜氏极为有名的人物。《汉书·杜周传》记载:“杜周，南阳杜衍人也。”他自幼就受到其父亲杜札的教育，熟读经书并熟悉刑律和法令。

杜札去世后，朝廷任命执法严苛的义纵为南阳太守。由于杜周熟悉法律条文，得到了义纵的赏识，被聘请为府吏。杜周才富五车，业务能力也很强，很快就做出了业绩。

这一切，义纵看在眼里。义纵认为此人才华卓绝，留在小地方绝对是大材小用，他想将杜周送到首都去施展其才华。随后，他向廷尉张汤打了份报告。张汤随即上奏朝廷，征召杜周到长安廷尉府任职，朝廷很快就批了。于是，杜周开始了新的人生，其家也从杜衍迁居茂陵（今陕西兴平）。

当时，大汉帝国正值汉武帝时期。汉武帝是一代雄主，数次出兵匈奴，大获成功，立下了旷世伟业。然而，这并不意味着，大汉帝国平安无事。边疆地区的少数民族时常有不服从者，叛乱经常发生。他们攻城略地，烧杀抢掠，给汉武帝惹了不少麻烦。

汉武帝勃然大怒，他斥责边将和官府作战不力，并令廷尉张汤派杜周出使边疆，督办此事。杜周来到边疆后，施行赏罚分明的制度，严惩镇压不力的官员和贪生怕死的将官，将他们斩首示众，随后训练士卒，制定作战方策，镇压叛乱。最后，平息了叛乱，还给当地百姓安宁的生活。

对此，汉武帝十分高兴，论功行赏，封杜周为御史中丞。张汤去世后，杜周升任廷尉，深得汉武帝的信任。但杜周与张汤一样，执法严苛，兴大狱，被他处死的俸禄2000石以上的官员超过100人，而犯人则更是超过10万人。

这种残酷的执法行为，引发朝廷上下的恐慌，官员们称杜周为酷吏。不仅如此，杜周的行为引发了全国民众的愤怒，杜周遭到了舆论谴责。在强大的舆论面前，汉武帝也难以继续任用杜周，只好罢免了杜周的廷尉职，以平息民怨。

不过，汉武帝还是喜欢杜周。罢免杜周没多长时间，汉武帝又任命他为执金吾[①]，并将当时的重案“巫蛊之祸”交给他查办。

---

① 本名中尉，秦汉时率禁兵保卫京城和宫城的官员。汉武帝太初元年，改名为执金吾。

所谓的巫蛊是指巫师利用邪毒之术，设法诅咒人的统称。西汉时期，人们深信巫蛊，而汉武帝更是深信不疑。俗话说，上好之，下必有甚者。得知汉武帝迷信，全国各地的神仙、巫师和方士，纷纷前来京城，希冀有机会飞黄腾达。

汉武帝

公元前91年，有人诬告丞相公孙贺之子公孙敬声用巫蛊诅咒汉武帝，并与阳石公主通奸。结果，丞相公孙贺和公孙敬声下狱，而阳石公主、卫青之子长平侯卫伉因为此事被株连。

当时，汉武帝任命宠臣江充查办此案。江充也不管什么是非曲直，而是采取一切手段逼迫相关人员认罪，最终在酷刑和栽赃之下，数万人被株连并被处死。

杀人不眨眼的江充并没有就此收手，而是挟私报复，竟然将太子刘据拉进来。他与按道侯韩说、宦官苏文等四人联名给汉武帝打报告说，太子意图谋反。结果，皇后卫子夫和太子刘据情急之下为了自保，起兵反抗，不果，相继自杀。

杜周接手此案，原本只需秉公办理即可。但是，他为了讨汉武帝的欢心，竟然和江充一样，颠倒是非，胡乱断案，结果此案牵涉数十万人。不过，公道自在人心，不管是朝廷官员还是乡野村夫，都知道太子等人是被冤枉的，有人甚至上疏汉武帝。汉武帝最终醒悟，他下令夷江充三族，烧死苏文。但汉武帝并没有惩罚杜周，而是下诏赞赏他“尽力而无私心”，并任命他为御史大夫，赏赐珠宝等；不久之后，汉武帝又任杜周的长子杜延寿、次子杜延考为官。

杜周因为得到汉武帝的重用而权倾朝野，“家资累巨万”，但是他的酷吏行为却遭到了当时朝廷上下的唾骂。汉昭帝时期，杜周病逝，其长子、二子继续在朝廷任职，死后葬在杜周墓旁。至于其子孙，则不见史书记载。

直到东汉初年，其后裔杜保才见载于史书。杜保投在汉光武帝的麾下效力，其人仗义，爱打抱不平，后来被仇家杀害，而他的后代传到东汉末年则有杜禀。杜禀官至中郎将，在跟随马腾进攻董卓部将李傕战斗中兵败被杀。

麒麟阁功臣杜延年

延年为人安和，备于诸事，久典朝政，上任信之，出即奉驾，入给事中，居九卿位十余年，赏赐赂遗，资数千万。

——《汉书》

杜周一生有多子，其小儿子杜延年也是极为有名的一位，是汉代麒麟阁十一功臣之一。杜延年由于出生在权贵之家，自小就接受良好的教育，加上其本人勤奋好学，长大后博学多才，明律令，颇有才干。

但是，他的性格温和，断案公允。他虽然执法严明，但从不滥杀无辜，跟其父亲和兄长截然不同，因此受到朝野的称赞。

公元前87年，汉昭帝即位，大将军霍光辅政。由于杜延年是汉武帝宠臣杜周之子，又有当官的本事，朝廷便任命他为补军司空。

始元四年，益州少数民族发动叛乱。朝廷派杜延年前去镇压。他以校尉的身份率领士卒进攻叛军，大获全胜。凯旋京城后，朝廷任命他为谏议大夫。

后来，左将军上官桀父子和鄂邑长公主（盖长公主）、燕刺王刘旦密谋造反，代理稻田使者[1]燕仓知道了此事，并报告给大司农杨敞。不过，杨敞深知此事牵涉太广，而且都是皇亲国戚，处理起来较为棘手，生怕惹祸上身，便将此事报告给杜延年。

杜延年随即将此事奏报朝廷，结果上官桀等人被诛杀，杜延年因此被封为建平侯，迁居杜陵邑（今陕西长安区）。从此，杜陵邑成为杜姓宗族的大本营。

汉昭帝末年，汉昭帝卧病不起。朝廷下诏，征召天下名医，由杜延年主管方药。然而，汉昭帝未能逃脱生老病死的自然规律，于元平元年撒手人寰。

汉昭帝去世后，昌邑王刘贺即位。但是刘贺身为皇帝，却不管国家社稷，一味地荒淫无度，最终为霍光所废。刘贺被废后，皇位空出，霍光和车骑将军张安世召集大臣议立帝事。

当时，汉宣帝刘询生活在掖庭，从小和杜延年中子杜佗关系密切，而杜延年也深知刘询有美德，便劝霍光、张安世立他为帝，两人同意。于是，刘询即位，史称汉宣帝。

汉宣帝即位后，大封功臣，杜延年因为定策安宗庙有大功劳，获得“功比朱虚侯刘章”的美誉，增2300户，与始封食邑共4300户。杜延年善于处理政务，也长期掌管朝政，汉宣帝对他非常信任，每次出巡必让杜延年陪驾。

不过，幸运并没有始终眷顾杜延年。霍光死后，其子和宗族之人举兵谋反被杀，而杜延年又是霍光的旧人，遭到了攻击，被削户二千。后来，他几度出任地方官，颇有政绩，为汉宣帝所赞赏直至病重去世。

杜延年有七个儿子，其长子杜缓拜将封侯。他在汉宣帝本始年间担任校尉，跟从中郎将赵充国出塞攻击匈奴。出塞千里，生死血战，立下不少战功，升任谏议大夫。随后，他又出任上谷郡（治所在今河北怀来东南）都

① 稻田使者，官名，西汉时设置，属大司农。

尉，防御匈奴，因为防御有功升任雁门郡（治所在今山西右玉南）太守。

汉宣帝

甘露二年，汉宣帝召他回京担任太常，封建平侯。汉元帝初元年间，西羌发动叛乱，杜缓捐数百万钱财，支援前线作战，收获不少好名声。汉成帝时期，杜缓病逝。

杜延年的二子杜继、三子杜他，都在朝廷担任官职，其四子杜钦则以才学闻名。汉成帝即位，大将军王凤慕杜钦之美名聘请他为武库令。

到任后，杜钦不断上疏劝汉成帝勤政治国，不久后，他以眼疾辞官。王凤认为其人富有才华，又聘请他为大将军府吏。对于杜钦的计策，王凤言听计从，非常尊重他。

杜钦举荐了不少贤人，如推荐王吉之子骏、韦贤之孙安世等，这些都是汉成帝时期的好官。此外，他还解救触犯刑律的冯野王、王尊、胡常等人，有“时善政皆出于钦” 之说。后来，王凤去世，杜钦便逍遥走天下，遍访名山，收徒授课，名声大噪。

五子杜绪出任地方官，六子杜熊也担任地方官，官至郡太守。至此，又形成六家杜姓人。

杜缓去世后，其子杜业继承爵位，担任太常。他刚正不阿，痛恨宦官、外戚专权，最后被罢官。

杜熊之子少卿，官职荆州（治所在今湖南常德）刺史。他在荆州担任刺史数十年，其间不少杜姓人慕名而来，迁居荆州，形成一定的规模。

杜少卿有子杜穰，在东汉朝廷担任谏议大夫。杜穰之长子杜敦，子承父业，担任西河郡（治所在今内蒙古鄂尔多斯东境，后移于今山西离石区）太守。在任期间，政绩优异，杜姓人多有迁居此地者。杜少卿次子杜笃，是个文学家。

杜笃有子杜邦，字召伯，东汉时担任中散大夫，一生平淡无奇。杜邦有三个儿子，长子杜宾、二子杜宏、少子杜繁。

《后汉书·杜笃传》称杜笃“京兆杜陵人也。高祖延年，宣帝时为御史大夫。笃少博学，不修小节，不为他人所礼。”杜笃博学多才，但是不拘小节，也不专经，不太为世人所接纳。所以，他的仕途也较为不顺，甚至一度因为事情蹲过号子。

出狱后，他的仕途没有多大改观，他在郡里当文学椽，一做就是二十多年，没有得到升迁。对此，他颇为感慨地说道：“杜氏文明善政，而笃不任为吏，辛氏外高祖辛武贤秉义经武，而笃怯于事外内五世，至笃衰矣。”汉章帝建初三年，他以车骑从事中郎的身份出征西羌，结果在征战中殉国。他的儿子叫杜硕，“豪侠，以货殖闻”，不再涉及官场。

此后，京兆杜氏一族便沉寂了些日子。

第三章

崛　起

曹操重臣杜畿

近自魏朝名守杜畿、满宠、田豫、胡质等，居郡或十余年，或二十年，或秩中二千石假节，犹不去郡，或还不易方，此亦古人苟善其事，虽没世不徙官之义也。

——《中国古籍全录》

杜家曾经辉煌无比，但是随着时间的推移，到了杜畿这一代，早已经是普通人家。退去光环的杜家，生活与普通人家一样。杜畿的母亲很早就去世，父亲续弦给他找来了一位凶狠的后妈。

父亲在，杜畿的生活还能过得稍微好点；但是没多久杜畿的父亲杜崇也离开了人世，留下后妈和杜畿。凶残的后妈原形毕露，常常鞭打、役使杜畿，杜畿的日子过得有多苦可想而知，史书上也用“少孤，继母苦之，以孝闻”来叙述。

日子虽然艰辛，但杜畿却没有变坏，而是以孝闻名。二十岁时，他因为孝顺而被任命为京兆功曹。尽管官职不高，但是对杜畿来说却是极为不错的职位。由于工作得力，他还获得了一个兼职：郑县县令。

有了属于自己发展的舞台，杜畿毫不保留地施展才能，使得整个县政通人和，民众安居乐业。不久，他就升任汉中府丞。不过，此时的大汉帝国早已经日薄西山，外戚专权、宦官乱政，董卓进京等，朝政败坏，九州动荡。杜畿无能为力，只能带着家人逃到荆州避难。

后来，杜畿的母亲去世，他带着母亲的灵柩回老家。当时，担任京兆尹的是其朋友、河东人张时。张时见到老朋友归来，立即聘请他担任功曹。然而，朋友成了上下级关系，味道就有些不对了，张时觉得杜畿干不好工作，而杜畿却认为自己被大材小用了。

就这样，矛盾越来越大，到最后杜畿干脆辞官，跑到京城寻找机会。他认识了侍中耿纪，两人志同道合，相见恨晚，便经常高声畅谈，就连隔壁家都能听见他们的谈论声。而当时耿纪家刚好挨着曹操心腹谋臣荀彧家。荀彧偶尔听到他们的谈话，对杜畿这个人有了大致的了解，于是就上疏请曹操重用杜畿，曹操便任命他为司空司直。这个职位官职不低，相当于“副太守”，主要工作是辅佐丞相做监察工作。

杜畿通过了层层考验，得到了曹操的信任，很快被任命为“护羌校尉，使持节，领西平太守”。但是，在杜畿赶赴西平的路上，曹操接受荀彧的建议，改派杜畿前去担任河东郡太守。

虽说曹操重用杜畿，但是摆在杜畿面前的问题却有很多。当时的河东郡处于袁绍大军的威胁下，且袁绍势力远比曹操强大。此外，当时的河东郡太守王邑和亲信不欢迎杜畿，甚至动起了杀人的想法。

所幸，曹操很早就在河东郡安插了亲信钟繇。此人不仅擅长书法，做事也很有手段，他建议曹操派大军消灭卫固和他的亲信。但是，杜畿却不想兵戎相见，而是单车入职。

上任后，杜畿示之以弱，麻痹卫固等人。他先是任命卫固掌管行政大权，任命范先掌管兵权，然后表示大小事要听他们裁决。如此一来，卫固和范先便放松了警惕。

此后，杜畿建议他们花钱征兵扩大军队，以便在乱世中自保。卫固、范

曹操

先本来就是当地的豪族，钱多野心大，觉得杜畿的建议好，便同意了，结果钱花了无数，却被将校吞了，没招到多少兵马。

紧接着，杜畿又给他们出了一个“好主意”，适当地给将官休假，这样利于团结笼络将官。卫固和范先真的照办了。结果，两人的心腹和爪牙都离散了，而杜畿则暗中联络一些支持自己的人。

没多久，河东郡周边的郡县发生了战乱，袁绍的军队攻打曹操的地盘，河东郡也在其中。当时，卫固等人准备起兵响应袁绍的军队，但是由于给将官放了假，一时半会聚不齐军队。

此时的杜畿则放弃河东郡郡城，到周边小县城据城坚守。当时，全郡各县官吏得知主官在小县城，便纷纷举兵往那里集中，准备应对叛军。卫固和范先联合袁绍的军队前来攻城，被杜畿击退。后来，曹操的大军赶来救援，消灭了卫固和范先。

随后，河东郡迎来了短暂的安定和和平。杜畿也借着这短暂的安定和和平，处理政务，带领百姓恢复生产。

后来，曹操西征韩遂、马超，杜畿供应曹军粮草，直到曹军凯旋。曹操对此极为感激，下令表彰杜畿：“河东太守杜畿，孔子所谓‘禹，吾无间然矣’，增秩中二千石。”

杜畿不仅为政有道，爱民如子，而且不避权贵，品德高尚。当时，天下大乱，人口稀少，为了增加兵丁，朝廷曾下令征召寡妇，将寡妇分配到妇女少的地方去婚配生育。

许多官员为了媚上，绞尽脑汁地征集寡妇，甚至不惜将原本已经再婚的夫妻拆散，一时间，民怨沸腾。而杜畿作为一郡之首，自然也要完成朝廷分派的任务，不过他只征召真正的寡妇。后来，朝廷征调他入京为官，改派赵俨为河东郡太守。结果，赵俨送来了很多寡妇。这下子，朝廷就震怒了，曹丕质问杜畿："以前你送来的寡妇那么少，我真以为河东没多少寡妇，可为什么赵俨送来的寡妇却多了很多呢？"杜畿正色道："我以前征集的寡妇，都是死人妻。现在征集的很显然都是活人妻！"曹丕和群臣一听，脸色大变。

杜畿任职河东郡十六年，殚精竭虑，兢兢业业，富有成效，其政绩为"常为天下最"。

在曹魏政权中，杜畿是受重用的官员。曹操当魏王时，曾任命杜畿为尚书，曹丕继任魏王后，封杜畿为关内侯，又拜为尚书；曹丕称帝后，杜畿则被封为丰乐亭侯，后被任命为尚书仆射，每逢曹丕出征，杜畿都奉命留守京师。

天有不测风云，人有旦夕祸福。有一年，曹丕命令杜畿监造御楼船。任务完成后，杜畿亲自到河里试船，结果遇到风暴，溺水而亡。

杜畿去世后，杜家并没有因此而走向衰败，相反，在其子孙的努力下，杜家的辉煌得以延续。

魏晋名士杜恕

恕，字务伯，太和中为散骑黄门侍郎。恕推诚以质，不治饰，少无名誉。及在朝，不结交援，专心向公。每政有得失，常引纲维以正言，于是侍中辛毗等器重之。时公卿以下大议损益，恕以为“古之刺史，奉宣六条，以清静为名，威风著称，今可勿令领兵，以专民事”。

——陈寿《三国志》

杜畿有三子，分别是：杜恕、杜理、杜宽。其中，杜理年少时观察力强，可惜早死，没有留下多少生平事迹；而杜宽喜欢学习，不喜欢俗务，曾担任郎中。至于杜恕则在政界上大展拳脚。

汉晋时期是中国历史上一个思想观念的转型期。当时，崇尚老庄自然无为在权贵中极为盛行，而交游结党求世誉的浮华派也有不少，至于遵从儒家信条又受道教些许影响的则较少。

而杜恕就是后一种人。杜恕与李丰在小的时候都以任子身份在京师生活。两人关系很好，长大成人后，李丰极为注重修身立名，很快就有了好名声，随之而来的是，朝廷重用李丰。而杜恕则与李丰不同，他“诞节直意”，未能得到京师官宦子弟的赏识。

太和年间，杜恕出任散骑黄门侍郎[①]。虽然在朝为官，但他不结党营私，而是专心公事，每遇政事有得失，都据引纲纪来说理。他在京城八年，秉公职守，针砭时弊，经常批评那些尸位素餐、当官只求无过的官员，他说这些人“尸禄以为高，拱默以为智，当官苟在于免负，立朝不忘于容身”。他以骑都尉王才宠爱的乐人犯罪为例进行说明，骑都尉王才有个乐人叫孟想，此人仗势欺人，无恶不作，所犯下的罪责名动京师，但是最终交给小官吏审判，企以权干法，而满朝文武大臣没有一个人敢站出来反对。

他的这种务实公正的行为虽然得到了侍中辛毗的器重，但招致更多人的不满。他的行为得罪了满朝“公卿大臣”和司马懿等人。由于得罪了很多人，杜恕自然“不得当世之和，故屡在外任”。

原本凭借杜畿的威望和人脉，杜恕可以享受高官厚禄，与其他官员“坐而论道”，醉生梦死，但他却不愿意那样自欺欺人地过一生。只是，离开了帝都，意味着杜恕要离开权力中心，日后想要再重回都城，势必困难重重。

对此，杜恕毫不在意，在京城没法施展才能，那么到地方上也许有机会。杜恕到地方后，兢兢业业，恪尽职守，得到了民众的爱戴。不过，这种情况并没有持续多久，因为不少讨厌他的人已经准备对他下手。

杜恕担任幽州刺史期间，征北将军程喜驻军蓟县。此人仗着自己是前朝遗老，又有军功，目中无人，欺压下属，甚至公然排挤朝廷任命的地方官员。对此，杜恕的同事就劝他要多加注意，以免遭到陷害。但是，杜恕没有放在心上。

而这一不在意就惹出了大事。当时，鲜卑族首领的儿子带着几十号人马，未经许可私自到城里与人械斗，死了一人。对于此事，杜恕没有及时写奏折上报朝廷，而程喜早先一步弹劾杜恕。

① 散骑黄门侍郎，官名，因最初在黄门内供职而得名，是尚书台的侍郎。

结果，杜恕锒铛入狱。按照朝廷的律令，杜恕要被处死。但是，考虑到他父亲杜畿因国事而溺死，又为国家做出了巨大贡献，所以，杜恕最终被免官为民。

鬼门关走了一圈后，杜恕决定离开是非之地，从京城迁居到章武郡，过普通人的生活，最后老死于章武郡。

东晋名将杜预

猗欤杜侯，发挥孔圣。《春秋》既立，王道以正。列国行事，君子莫之。他人有心，予忖度之。推凡见例，定罪原词。开我后学，从祀先师。

——张说《孔子堂杜预赞》

杜恕的不得志给杜家带来不小的影响，但并没有就此终结杜家的辉煌。虽然杜恕最后被免官为民，但是他的儿子杜预却在逆境中重新缔造了辉煌。

在中国历史上，在京兆杜氏的历史上，杜预功勋卓著，他是西晋时期著名的政治家、军事家和学者，是明朝之前唯一一个同时进入文庙和武庙的人。

杜预虽然生长在官宦之家，但是他却没有染上纨绔子弟的恶习，只知享乐，不求上进。他从小就勤奋学习，博览群书，涉猎经济、政治、历法、法律、数学、史学和工程等图书，以至于后来人们给他取了个“杜武库”的绰号，盛赞他博学多才，犹如武器库一样，样样皆具。

不过，虽然他富有才华，却始终得不到提拔，《晋书·杜预传》说“初，其父与宣帝不相能不睦，遂以幽死，故预久不得调”。这种情况持续到司马昭“执政”才得到改变。

司马氏在司马懿、司马师等人的努力下，一举成为曹魏政权中最有实力的政治集团，以至于到了司马昭这一代，司马家便准备废魏自立。为了维护和扩大自己的势力，司马昭接纳了博学多才的杜预，并在甘露二年恢复了其丰乐亭侯的爵位。

为了进一步拉拢杜预，司马昭准备将妹妹高陆公主嫁给他。面对司马昭的拉拢，杜预没有选择愚忠，继续与篡魏的司马氏集团为敌，而是欣然接受联姻。于是，杜预转身一变，成为司马氏集团的成员之一。

联姻之后，杜预的仕途凯歌高奏。他担任了司马昭相府的重要幕僚，参与了影响历史进程的灭蜀战争，并在参与过程中建功立业。

在平定蜀国的战争中，司马昭派杜预到钟会军中担任关键幕僚：镇西将军府长史。景元四年五月，魏军兵分三路，大举伐蜀。

在灭掉蜀国后，钟会联合蜀国降将姜维起兵造反，准备杀掉魏军将领，占领益州，自立为王。在谋杀魏军将领的过程中，钟会被乱兵斩杀，许多幕僚也身首异处。不过，杜预却凭借聪明才智躲过了一劫，成功地返回京城。因为这事，杜预得以增封一千户。

不过，杜预的好日子并没有持续多久。由于为官清廉，一心为国，他得罪不少人。这些人在杜预的仕途中百般阻挠，甚至陷害杜预，以至于其仕途顿挫。泰始六年年初，杜预因为得罪司隶校尉石鉴，丢了河南尹的职务。同年六月，他担任秦州刺史领东羌校尉、轻车将军，与他不和的石鉴也来到秦州并成了他的上司。

杜预所管辖的陇右地区很不稳定，鲜卑人常常起兵叛乱，当地官员屡次出兵围剿，但没有成功。石鉴公报私仇，便命令杜预去围剿。当时，杜预只有300名士兵、100匹马，他无论如何也打不过敌人。同时，他也看出石鉴想要害死自己，但是他绝不掉入别人的圈套，主动送死，于是他据理力争。结果，石鉴找了个罪名将他入狱，不过好在他与皇室联姻，得以保住性命。

在尔虞我诈的官场上，杜预艰难地生存着。但时代并没有辜负他，统一战争很快打响了。代魏自立后，晋国依旧未能统一天下，南边的吴国政权依旧存在。对此，朝廷展开了争论。

当时，除了羊祜、张华等少数大臣主张挥师南下外，大多数朝臣都是态度暧昧。如此一来，司马炎便将南征的计划推迟。咸宁四年春，坐镇荆州前线的主帅羊祜突然病重，司马炎心急如焚，想任命他带兵出征，但没多久羊祜去世了。

在临终前，羊祜推荐杜预接替自己的职务，他认为杜预完全有能力担当统一重任。司马炎采纳了他的意见，任命杜预为镇南大将军。杜预随即动身前往荆州，为统一战争做准备。

到达荆州后，他进行了各项军事部署，同时采用借刀杀人之计迫使敌军名将离开前线。西陵（今湖北宜昌东南）是孙吴政权的西部边镇，战略地位极为重要。如果晋军占领西陵，那么益州水师便可以东进，致使荆州不保。也因为如此，从陆逊到陆抗，始终重视西陵的守卫，哪怕是昏庸无能的吴主孙皓，也派了名将张政驻守西陵。

杜预深知，要想攻克西陵，必须除掉张政。于是，他派出一支骑兵，进攻西陵。虽然张政对杜预有所了解，但没有料到杜预刚到前线就发动突袭，于是吃了败仗。由于害怕孙皓责备，张政没有如实汇报。杜预早就知道这点，便将俘虏放回吴国首都，散布消息。结果孙皓一气之下，将张政召回。

咸宁五年八月，准备工作完成后，杜预请求司马炎开战。但是，当时反对派众多，司马炎妥协了，同意将统一战争推迟一年。

杜预得知后忧心如焚，他给司马炎上了好几道奏折，陈述非打不可的理由。最后，司马炎才下令进攻吴国。咸宁五年十一月，灭吴战争开始。

在这场战争中，杜预不是全军的统帅，而只是西线指挥官，主要任务是拿下江陵、占荆州，并负责调遣益州刺史王濬的水师。

杜预率部包围江陵。由于江陵城池坚固，易守难攻，杜预采取了围而不攻的策略。与此同时，他派出小分队四处骚扰各地的吴军，造成大军压境的假象，结果吴军惊慌失措，人心惶惶。在混乱之中，杜预的部下生擒了吴军都督孙歆。

主帅被擒，吴军军心震动，很快土崩瓦解。杜预没费多少力气便拿下江陵，占领荆州。紧接着，他挥师东进，进攻孙吴的都城建邺。在行军过程中，他还分兵南下，攻占了交州、广州地区，也就是现在广西、广东一带。

西晋灭亡孙吴的战争在中国历史上有重要的地位，它结束了汉末三国长达数十年的分裂根据状态，使中国重归一统。在这次战争中，杜预建立了赫赫功绩。

太康五年闰十二月，杜预奉命到京城任司隶校尉，行至邓县（今邓州市），突然病故，终年63岁。

杜预有四个儿子，其长子杜锡，在杜预去世后继承爵位，后来官至尚书左丞；杜耽因为杜预而获封亭侯，任凉州刺史；杜尹，任弘农（今河南省灵宝市）太守。

虽然杜预去世后，其四子所建立的功业没有超过他，但是他们却较好地维持了杜家的家业。在沉寂数百年后，杜氏又涌现出杰出的人才，比如杜耽一家传到唐朝，出现了我国历史上著名的诗人杜甫；杜尹一家传到唐代，出现了著名的史学大家杜佑、诗人杜牧。

第四章

没　落

南朝时期的杜氏

慧度布衣蔬食，俭约质素，能弹琴，颇好《庄》《老》。禁断淫祀，崇修学校。岁荒民饥，则以私禄赈给。为政纤密，有如治家，由是威惠沾洽，奸盗不起，乃至城门不夜闭，道不拾遗。

——《宋书·杜慧度传》

当历史进入南北朝时期，京兆杜氏也开始进入一个新阶段，他们随着南北朝各个王室的兴衰而变化。他们参与政治的主要有四支，一是迁于朱鸢的一支，二是迁于襄阳的三支。

1.迁于朱鸢的京兆杜氏。大约在东晋中期，朝廷任命杜元为宁浦治广西横县太守。于是，杜元带着家人来到广西，后来定居交趾朱鸢河内。其子孙多有建功立业者。他的孙子杜缓历任日南、九德、交趾太守，在平息叛乱后升任交州刺史。杜缓去世后，其第五子杜慧度继任刺史，继续平定地方叛乱，因功封龙编侯。

2.迁居襄阳的第一支是杜坦、杜骥兄弟及其后裔。《宋书·杜骥传》记载：“杜骥，字度世，京兆杜陵人也。高祖预，晋征南将军。曾祖耽，避难河西，因仕张氏前凉。苻坚平凉州，父、祖始还关中。”刘裕灭后秦，杜骥兄弟率族人南迁，定居襄阳。

由于北方战乱不断，杜骥兄弟带着族人不断南迁，定居襄阳。由于他们在中原地区曾经是望族，颇有声望，于是得到南朝政权的“重用”。当然，除了少数几人得以到中央做官，大多数人的官职不超过四品，而且主要集中在前线的州郡，以防胡人。

不过，为了获得更高的政治权力，他们基本上都参与了皇室夺权的变乱。杜骥第五子杜幼文，巧言薄行，虽然两度担任刺史，进入中央政府当散骑常侍，但他与杀死前废帝的阮佃夫、王道隆等人关系密切，结果后来被株连，后废帝刘昱杀了杜幼文及其兄弟子侄。杜幼文的行为给京兆杜氏带来了一次重大的灾难。

3.京兆杜氏迁于襄阳的第二支是杜崱一房。《梁书·杜崱传》记载，杜崱父亲杜怀宝，担任梁国刺史。杜怀宝这一房与杜坦兄弟究竟有何关系，史书上记载较少，难以明晰。杜怀宝在萧衍手下效力，萧衍在襄阳起兵时，让杜怀宝与肖伟留镇襄阳。由此可见，在萧衍的梁朝，杜怀宝的权力不小。

杜崱有九个兄弟，分别是兄嵩、岑、岌、裹、献、岸及弟崔、幼安。他们各有本事，知名当世。如杜崱“居乡里，以胆勇称”，杜岸“少有武干”，杜幼安“雄勇过人”。

梁、陈换代之际，他们选择投靠中央政府，与地方叛乱进行斗争。杜崱兄弟几乎参加了所有的主要战役，并且立下了赫赫战功，因此也出现了一公、三侯、四刺史、三持节都督的现象。

但是，这个家族勇武有余，谋略不足。这种谋略不足最终给这一房杜氏带来了毁灭性的打击。

有一次，杜岸带领500名起兵突袭襄阳被萧察发现，结果杜岸和他兄长杜献以及母亲、妻子、儿女都被斩首。萧察杀完了杜岸家族之后还不解气，将屠刀对准襄阳的杜氏，结果“尽诛诸杜宗族亲者，幼弱下蚕室。又发其坟墓，烧其骸骨，灰而扬之”。

这是京兆杜氏在南朝遭到的第二次重大打击。不过，这种打击没有就此结束。随后，杜龛又惹出了灭族的大事。杜龛在平侯景中“论功为最”，可是他没有政治眼光，偏偏和他岳父王僧辩拥护萧渊明为帝，结果得罪了陈霸先，后来陈霸先消灭了杜龛，其一门覆灭。

4.京兆杜氏迁于襄阳的第三支是杜乾光一房。杜乾光南迁之后，也在南朝为官，官职司徒左长史，使得这一房得以在襄阳站稳脚跟。此后其子孙基本上都参政，光大门楣。其中值得一提的是杜叔毗。杜叔毗很小的时候，父亲就去世，他只能与母亲相依为命。在艰难中成长的杜叔毗没有学坏，而是既孝顺又好学，学有所成，长大后入朝为官。

朝廷派他和萧循驻守南郑。当时，西魏派奚达武围攻南郑，而杜叔毗奉命前去清河还没返回，其部将曹策等人想投降西魏，但又害怕杜叔毗的兄长杜君锡和他的两个儿子不同意，便杀了他们，然后投降西魏。杜叔毗得知后，亲手带兵砍杀曹策。后来，他因功升车骑大将军等。再后来，他到周朝为官，奉命南讨过程中，被陈国人擒拿，由于拒绝投降，被杀。

北朝时期的杜氏

（杜锡）累迁太子中舍人。性亮直忠烈，屡谏愍怀太子，言辞恳切，太子患之。后置针着锡常所坐处毡中，刺之流血。

——《晋书·杜锡传》

相比于南朝的京兆杜氏的遭遇，处于十六国北朝时期的京兆杜氏，也进入了困难时期。杜预的儿子杜锡曾经做过赵王司马伦的治书侍御史。西晋“八王之乱”期间，赵王司马伦和孙秀出兵杀了贾后一党，牵连甚广，作为贾谧二十四友之一的杜斌，也就是杜预的从兄，也被杀。原本杜锡能够求情救下杜斌，但是因为他曾经拒绝和孙秀交往而遭到了孙秀的嫉恨，他连自己都泥菩萨过河，自然没有办法救他的亲戚。

司马越专权时，京兆杜概密谋起兵造反，结果事情泄露，被杀。

后赵式微时，原先被迁于枋头（河南浚县）的氐族首领苻健带着族人返回关中。当时京兆杜洪占据长安，自称是晋征北将军、雍州刺史，招兵买马，很多人归顺他。他联合司马勋与苻健进行血战，结果兵败，被部下斩杀。

京兆杜氏遭受重挫的情况直到前秦时期才得到好转。史书记载，苻坚死后，幽州刺史王永等大臣劝丕继承大位，并宣檄州郡征讨慕容垂、姚长等人，当时，各地方纷纷举兵响应，而京兆杜敏也领兵数万参与。

在北朝从政的还有杜预的孙子杜胄一房。杜胄在苻坚的前秦王朝担任官职，而其子孙也奋发有为，在北朝各个政权担任官职。《杜铨传》记载："杜铨，京兆人，晋征南将军预五世孙也。祖胄，苻坚太尉长史。父疑，慕容垂秘书监，仍侨居赵郡。"

北魏时期，拓跋焘外祖父死于濮阳，拓跋焘准备派人将其灵柩运回其故乡邺城，便询问周边大臣，谁可担大任。崔浩则直接推荐杜铨，他说京兆杜铨，家在赵郡，是杜预之后，是现在所有杜氏中最有名望的人。于是，拓跋焘便任命杜铨为宗正，让他和在魏郡生活的杜超一起带着杜豹的灵柩返回邺城。从此以后，杜铨和杜超两房杜姓便合谱。

除了以上京兆杜氏在北朝各个政权担任官职外，还有杜果、杜整两房，他们在战乱时代也从政，过着胆战心惊的生活。

第五章

复　兴

武将杜希望

父希望，重然诺，所交游皆一时俊杰。为安陵令，都督宋庆礼表其异政。坐小累去官。开元中，交河公主嫁突骑施，诏希望为和亲判官。……希望爱重文学，门下所引如崔颢等皆名重当时。

——《新唐书》

天下大势，分久必合，合久必分。周末七国分争，并入于秦。及秦灭之后，楚汉分争，又并入于汉。汉朝自高祖斩白蛇而起义，一统天下，后来光武中兴，传至献帝，分为三国。三国最后归于西晋，西晋之后，又开始了南北朝时期，直到隋朝才统一天下。

跟天下治乱一样，京兆杜氏经历了数百年的动荡，起起落落。好在京兆杜氏是大族，又与南北朝时期的一些政权关系密切。所以，虽然朝代更替频繁，但是京兆杜氏依旧辉煌。

隋唐时期流传着“城南韦杜、去天尺五”的说法。意思是说，京城的韦氏族和杜氏是统治核心高层。魏孝武帝西迁，定都长安，京兆杜氏和京兆韦氏，因为是大族又靠近权力中心，所以得到当局的重用，京兆韦瑱“以望族兼领乡兵”，成为关陇集团重要的战将之一。

隋朝代周时，韦孝宽站在杨坚这一边，统率大军讨伐各地叛军。隋唐时代，韦氏一族与皇室多有联姻，为官从政者数量极多，且位高权重。

京兆杜氏的势力虽然不如韦氏，但在隋唐时期也多有高官者。杜佑的七世祖景秀，在西魏、北周担任高级官员，官至渭州刺史；而其六世祖杜逊，在隋朝当官；其曾祖父杜行敏在唐朝担任齐州都督府兵曹参军，后来参加平齐州都督齐王李佑之乱有功，晋升巴州刺史、封南阳郡公；其祖父杜崇悫，在唐高宗武后时期官至宫尹丞、判尚书省左司员外郎、丽正殿学士；而京兆杜氏其他房，如杜淹和杜如晦，也是唐朝初期的名臣。根据历史学家毛汉光先生的统计，有唐一代，京兆杜氏担任宰相的有10人，京兆杜氏杜佑一房在中晚唐时期尤为显赫。

公元735年，杜佑出生于豪族杜希望之家。

杜希望，生年不详。虽长于官宦之家，但杜希望没有养成飞鹰走狗的恶习，而是勤奋好学，文武兼备。他言出必行，信守承诺，结交的朋友都是俊杰，“有文武器任”“行义每挥金”，在京师文化人的圈子里有名望。长大后，他被朝廷任命为安陵县令。虽然是官职卑微，但他尽职尽责，为国为民，颇有政绩。都督宋庆礼上奏朝廷，请求表彰杜希望。然而，由于杜希望犯了小错误（史书没有详细记载具体的事情），被迫辞官。

杜如晦

开元年间，唐玄宗将交河公主[①]嫁

① 西突厥十姓可汗阿史那怀道的女儿，被唐玄宗封为交河公主。

给突骑施[1]的苏禄可汗，诏令杜希望为和亲判官。虽然唐朝封蕃臣女为和亲公主并将之嫁给突骑施，希望维持阿史那氏在西域的统治，但是这次和亲并没有成功，后来双方因为贸易等问题爆发了冲突。

尽管和亲政策没有取得有效的成果，但杜希望的和亲任务则圆满完成。由于颇有才华，他被当时朝廷重要人物、时任朔方节度使、主持北方地区军政事务的信安郡王李祎看中。信安郡王李祎向朝廷推荐杜希望担任灵州别驾、关内道度支判官，朝廷批准，于是杜希望先后担任关内道度支判官、代州都督等职位。

在任上，杜希望克己奉公，忠于职守，将工作做得井井有条。唐玄宗将他召回长安，询问边境的军务政务，杜希望一一解答，有理有据，条理清晰深得唐玄宗的喜欢。唐玄宗认为杜希望很有才能，予以重任，任命他为鄯州（治今青海乐都）都督。

公元737年，唐朝和吐蕃发生战争。河西节度使崔希逸[2]率军与吐蕃大军血战，大败敌军，建立军功。唐玄宗特派右拾遗王维前去宣慰，王维在途中作下了流传千古的名作《使至塞上》：

大漠孤烟直，长河落日圆。
萧关逢候骑，都护在燕然。

不过，虽然吐蕃打了败仗，但是他们并不甘心，而是积蓄力量继续与唐军作战。次年二月，吐蕃出动大军进攻河西地区。边情紧急，唐玄宗命令河西、陇右和剑南各镇出兵反击。当时，作为鄯州都督的杜希望奉命而行。他率

① 突骑施是唐代时期一个边远部落，属于西突厥，在当时隶属于安西都护府管辖。

② 崔希逸，唐朝名将，一生战绩卓著，在唐王朝对吐蕃的战争中立下赫赫战功，官至凉州都督、河西节度使，执掌一方兵权。

领将士们越过陇州，与吐蕃的乌莽部激战，最终杜希望大军斩下敌军1000多颗首级，并趁势攻占吐蕃的新城（今青海门源）。攻下新城后，杜希望整顿军备，班师驻地。唐玄宗擢希望为鸿胪寺卿[①]。

① 鸿胪寺卿，掌四夷朝贡、宴劳、给赐、送迎之事及国之凶仪等可以说是古代的外交官。

没有送礼被贬官

宦者牛仙童行边，或劝希望结其欢，答曰："货以藩身，吾不忍。"仙童还奏希望不职，下迁恒州刺史，徙西河。而仙童受诸将金事泄，抵死，畀金者皆得罪。

——《新唐书》

后来，杜希望又率军与吐蕃军队作战，攻克吐蕃的河桥（在今青海贵德县南黄河上）。吐蕃闻讯后，出动3万大军前来复仇，杜希望得知情报后，有些畏惧。毕竟敌众我寡，且不占天时地利，万一打败仗该如何向朝廷交代。不过，他的部队士气如虹，将士用命，很快就消除了他的恐惧。最终，杜希望率军与敌军交战。

在作战中，杜希望的部将王忠嗣率部攻坚，下级军官哥舒翰[①]等人身先士卒，勇猛向前，突入敌军，横冲直撞，斩杀数百敌军，士气大振，杜希望挥师掩杀，大败吐蕃。

唐朝随即在河左筑盐泉城（今青海循化东），设镇西军，命令杜希望领

---

① 哥舒翰，唐朝名将，多次大败吐蕃，有"大唐第一战神"之称。在"安史之乱"时，哥舒翰赴潼关拒敌，后被逼出兵大败被俘遇害。

兵驻守边关。吐蕃畏惧杜希望，不敢发兵进攻，而是派人送来求和书信。对于求和，杜希望回复说："接受求和不是我当臣子能专断的。"

后来，吐蕃出动大军围攻檀泉，杜希望率军反击，双方打了几十仗，杜希望屡战屡胜，俘虏敌军首领，追击溃败的敌军，追到莫门，烧毁敌人囤积的粮草，摧毁其城堡，然后凯旋。因为建立赫赫战功，朝廷给他的两个儿子封了官。

此后，吐蕃不敢轻易进犯边关。杜希望镇守边关数年，一边防御吐蕃，一边垦荒种粮，减少朝廷的财政压力。可以说，杜希望是良将，只要他驻守边关，吐蕃必然胆寒。但这种情况很快就发生了变化。

中官牛仙童奉命巡边，他到达杜希望的防区后，装模作样地巡视，并向杜希望索贿。杜希望原本就是刚正不阿的官员，又是在战火中挥军厮杀的将领，怎么肯屈从于尸位素餐的牛仙童，他断然拒绝。

其部下看到牛仙童脸色大变，便劝杜希望出点钱财作为见面礼送给牛仙童，以便对方回京后在唐玄宗面前替他美言几句，好升官发财，就算不能晋升，起码破财消灾。对此，杜希望回答道："以钱升官我是不忍干的。"牛仙童见索贿无果，愤然离去。

回到京城后，牛仙童颠倒黑白，说杜希望的各种不是，是不称职的官员。唐玄宗偏听偏信，龙颜大怒，将杜希望降职，先是贬为恒州刺史（今河北正定），后来又调其贬到汾州西河。

而陷害忠臣良将的牛仙童下场也好不到哪里去。他因为行贿事情败露，被唐玄宗任命的凶残的杨思勗挖心、肢解，而那些贿赂牛仙童的人也被朝廷责罚。

被贬西河，杜希望并没有就此消沉，抱怨国家，抱怨命运，而是做好本职工作。他在汾州西河推崇儒学，搞教育工作，和文人学士交往，如写过名满天下的《黄鹤楼》的唐朝大诗人崔颢，如王处廉、王维父子等。其中，崔颢还曾为杜希望鸣冤，写了《孟门行》一诗，而王维等人也对杜希望被冤一事鸣不平。

当时，西河地区的官员和百姓都认为杜希望的冤屈早晚可以洗刷，但是未曾想，杜希望没有等来那一天就突然去世了。杜希望的离世让其好友痛心不已，他们纷纷做悼亡诗悼念杜希望。其中，大诗人王维就写了《故西河郡杜太守挽歌》三首。

其一

天上去西征，云中护北平。
生擒白马将，连破黑雕城。
忽见刍灵苦，徒闻竹使荣。
空留左氏传，谁继卜商名。

前四句王维回忆了杜希望生前出生入死建功立业的事迹，而后面四句则对杜希望在汾州西河传承子夏遗风，兴办儒学，推崇文人的赞誉。

后来，牛仙童贪污案被揭发，虽然杜希望已故，但王维想起了杜希望，又再次写了两首诗：

其二

返葬金符守，同归石窌妻。
卷衣悲画翟，持翣待鸣鸡。
容卫都人惨，山川驷马嘶。
犹闻陇上客，相对哭征西。

其三

涂刍去国门，秘器出东园。
太守留金印，夫人罢锦轩。
旌旗转衰木，箫鼓上寒原。

坟树应西靡，长思魏阙恩。

从王维所写的诗歌来看，当时杜希望是卒于任所的，不过由于其去世时依旧冤屈在身，所以没有立即被运回长安故地安葬，而是在西河寄存了一段时间，直到平反的诏书到达，人们才以隆重的礼仪将其灵柩迁回长安少陵安葬。

杜希望的灵柩运回长安，引起了不小的轰动。不单单是杜家的亲朋好友，就连杜希望及其儿子所结交的圈中人都前来参加祖道迎葬的仪。比如杜位的好友岑参、李岑等人都留下了相关的挽歌。其中，岑参所写的《河西太守杜公挽歌四首》有这样的句子："秉心常匪席，行义每挥金。汲引窥兰室，提携入翰林。多君有令子，犹注世人心。"

杜希望生前所建立的赫赫功业，直接影响了其子孙的志向。由于杜希望打下了基础，杜氏家族开启了更加辉煌的历史。

杜氏子弟多俊才

林甫卒，杨国忠阴讽禄山暴其短。悉夺官爵，诸子悉徙岭南、黔中）诸婿若张博济、郑干、杜位、元洌、属子复道、光，皆贬官。

——《新唐书·李林甫传》

杜佑出生时，杜家已经是有权有势的富贵大家了。杜希望是唐朝高级官员，封疆大吏。刚开始，杜佑的祖父这一代虽然回到京城居住，但是居住在延福坊（距离城中心较远），但是到了杜佑父亲这一代，杜氏家族更加显贵，他们将家业扩大，迁居长安城中央的安仁坊。

根据徐松《唐两京城坊考》西京外郭城图显示，安仁坊在朱雀门大街东，居城之中。我们都知道，居住在长安城中央的绝非一般人家。对此，杜佑的孙子、唐朝大诗人杜牧在回忆家世时有了这样的记载：

安仁旧第，置于开元末，某有屋三十间而已。元和末，酬尝息钱，为他人有，因此移去，八年中凡十徙其居，奔走困苦，无所容归。于延福私庙支柱攲坏而处之。

即使杜牧家所分不多，竟也有屋30间，而且是在京城的繁华地段。这相对于普通人家来说，也算是“大户”了。

希望八子。长子杜信，次子杜位，杜佑排行第六。杜信作为长子，在杜氏兄弟中算是较有才华的一个人。从现存史料来看，杜信以门荫入仕，在朝为官，但终其一生，杜信在官场上并没有太大的作为。也因为他的政绩较为一般，以至于史书都没有记载其最初的官职是什么，后人只知道，在唐肃宗时代，他曾应书判拔萃制科及第，后官至国子司业、太子宾客。

虽然杜信在政治上表现一般，在为官方面不如其父亲杜希望，但是在文史方面却有所建树，他在这方面的建树对杜佑日后撰写《通典》有不可估量的影响。

根据《新唐书·艺文志》记载，杜信喜欢文史书籍，也因为兴趣，他擅长文史，潜心研究、整理史籍，而且颇有成就。根据史料记载，著有《史略》30卷、《东斋籍》20卷、《闲居录》30卷等传世。此外，杜信还擅长谱学，尤其擅长杜氏家族的谱系，并著有《杜氏家谱》。

由此可见，杜信算得上是学者型官员。当然，他所做的工作，对杜佑撰修《通典》可能产生两方面的作用：一是他对杜佑进行学术教导，二是使杜佑得以接触收集官方藏书资料。

杜佑次兄杜位（公元712？—769年），约年长杜佑23岁。他也是很有文才的人，对礼制尤为重视，在京师文化圈里有一定的声望。不过，他在政治上较为不得意。虽然他是唐玄宗宰相李林甫的女婿，曾担任右补阙、京兆府参军等职位，但是在李林甫死后就遭到贬谪。《新唐书·李林甫传》：“（林甫卒，杨国忠阴讽禄山暴其短……悉夺官爵，诸子悉徙岭南、黔中）诸婿若张博济、郑干、杜位、元洮、属子复道、光，皆贬官。”

他由右补阙外放岭南新州（今广东新兴）。杜位的从兄兼好友杜甫就写了好几首诗给杜位，其中有一首是这么写的：

近闻宽法离新州，想见怀归尚百忧。
逐客虽皆万里去，悲君已是十年流。
干戈况复尘随眼，鬓发还应雪满头。
玉垒题书心绪乱，何时更得曲江游。

从公元752年到公元761年，杜位始终没有收到朝廷的任何调令，他在新州一待就是近十年。在这近十年里，杜位究竟担任什么官职，我们难以考证。至于杜位在新州的日子过得如何，我们可以猜得到，在当时，岭南是南蛮之地，是朝廷官员避之唯恐不及的地方，被调到岭南担任官职的官员，大多数是被重贬的。由此可知，杜位内心的苦闷。

不过，人生不可能永远往下跌，再糟糕的人生也有触底的时候，而当人生触底时也就是人生反弹的时候。十年后，从新州返回，杜位先去益州，和杜甫为严武效力。

严武在公元761年十二月担任成都尹剑南节度使，邀请杜位和杜甫入幕府。作为杜位和杜甫的好友，严武非常赏识二人，只是不幸的是，他在公元765年就去世了。

严武去世后，杜位去荆南道，担任节度使行军司马、江陵府少尹，没过多久，他便改任湖州刺史，于公元769年去世。

杜位对杜佑的启蒙想必有一定的影响。后来，杜佑做事不浮华，从而走上学术研究之路跟杜位也有一定的关系。后来，杜佑撰写《通典》，不但非常注重礼制，而且花了较大的篇幅来讨论礼制。

第六章

奋　进

杜佑举荐闹笑话

臣本以门资，幼登官序，仕非游艺，才不及人，徒怀自强，颇玩坟籍。虽履历叨幸，或职剧务殷，窃惜光阴，未尝辍废。……每念懵学，莫探政经。

——杜佑《进通典表》

杜佑出生时，杜希望已经有5个儿子，杜佑是杜希望的第六个儿子。然而，杜希望并不是最小的儿子，因为杜希望夫妇后来又生了两个儿子。

杜佑4岁时，他的父亲杜希望打败吐蕃军队，受到朝廷重赏，而他的两个哥哥，时年20多岁的杜信和杜位也得到了朝廷的赏赐，入朝为官。

公元735年，是个极为平常但又极为特殊的一年。

说它平常，是因为它不过是人类悠久历史中不值一提的一个年份，它不过是一个时间点，就像大海里的一滴水一样，平常得无以复加。说它特殊，是因为它见证了许多人的生，许多人的死，见证了历史的改变。对大唐帝国来说，影响其历史进程的宰相杜佑在这一年出生了。

杜佑出生时，没有什么奇异的现象，既没有刮风下雨现彩虹，也没有仙女降临先人托梦，他的母亲更不是因感应而孕然后生下他。他的出生跟公元

735年出生的大多数婴儿一样，怀胎十月而降临这个世界。

杜佑出生时，应该是在安仁坊新宅中。由于家境富裕，杜佑小时候过的是衣食无忧的生活。当然，杜佑的良好生活来源于其父辈的努力，另一方面得益于国家安定。

杜佑出生时，唐玄宗已经主政了20多年。唐玄宗在唐太宗、唐高宗、武则天等人经营的基础上，锐意进取，积极改革，缔造了开元盛世的传奇。对此，许多诗人都有所记载。杜甫在《忆昔》诗中写道：

> 忆昔开元全盛日，小邑犹藏万家室。
> 稻米流脂粟米白，公私仓廪俱丰实。
> 九州道路无豺虎，远行不劳吉日出。
> 齐纨鲁缟车班班，男耕女桑不相失。

而杜佑对唐朝的繁荣也有深刻的印象，他在《通典》里写道：

> 十三年封泰山，米斗至十三文，青齐谷斗至五文，自后天下无贵物；两京米斗不至二十文，面三十二文，绢一匹二百一十文；东至宋、汴，西至岐州，夹路列店肆待客，酒馔丰溢；每店皆有驴赁客乘，倏忽数十里，谓之驿驴；南诣荆、襄，北至太原、范阳，西至蜀川、凉府，皆有店肆以供商旅，远适数千里不持寸刃。

由于生于富贵之家，杜佑的人生道路走得较为顺畅。不过，跟许多富贵之家的纨绔子弟不同，杜佑并没有养成骄傲、放荡不羁的品性，想必他对那种奢靡的生活不感兴趣，而是另有追求。

对于杜佑的少年生活，史书没有留下太多的记载。从杜佑父亲的官职来看，杜佑小的时候可能是在京城的太学[①]或四门学[②]接受教育。

在接受教育期间，由于其父亲常年在外做官，很少有时间待在京城，所以，杜佑大多数时间的家庭教育是由其哥哥们来教导的。在杜佑12岁时，杜希望撒手人寰，留下杜佑和年幼的弟弟们。

长兄如父，在杜希望去世后，教育杜佑成长的重任便落在了母亲和几位兄长的肩上。而由于杜佑的几个兄长都在朝为官，杜佑从小便耳濡目染，了解一些官场的事情，培养学问的事情。

跟在太学或四门学学习的学生相比，杜佑的学问旨趣似乎更偏向于经史方面，而不是文学才艺。这一点我们从杜佑的《通典》可以窥知一二，他在《通典序》中开宗明志，写道："少尝读书，而性且蒙，固不达术数之艺，不好章句之学"。此外，他还在在《进通典表》里这样写道："臣本以门资，幼登官序，仕非游艺，才不及人，徒怀自强，颇玩坟籍。虽复历叨幸，或职剧务殷，窃惜光阴，未尝搬废。……每叹懵学，莫探政经。"

其中，所谓"不达术数之艺，不好章句之学"，"仕非游艺，才不及人"，就是说杜佑不擅长吟诗作画等。在唐玄宗时代，唐朝经过几代人的努力，出现了开元盛世，各方面极为繁荣，诗词歌赋更是备受重视："于时天下无兵百二十余载，缙绅之徒用文章为耕耘，登高不能赋者，童子大笑"。

而杜佑的自述也似乎说明了这点。当然，文章乃经国之大业，文人又大多谦虚，如果说这是杜佑的自谦，恐怕也说得过去。然而，根据学者们的研究发现，在唐代诗歌方面，翻遍史籍杜佑几乎没有留下可以称道的诗歌，此外，学者们还发现史书记载了一件关于杜佑不善吟诗作赋的趣事。

在扬州担任淮南节度使期间，杜佑也学着其他人向朝廷举荐一些德才兼

① 太学，中国古代的国立大学，其名始于西周。唐朝时期，太学隶属于国子监，面向三品以上官僚子弟，生员5000人左右。

② 四门学，学校名，唐朝时期隶属于国子监，面向七品以上官僚子弟，生员1300人左右。

备的人。在与诗人崔叔清（唐朝著名诗人韦应物的好友）交流过程中，杜佑认为崔叔清的诗文是佳作，颇有文采，而且人品好，是个人才，便写了奏折，连同崔叔清所写的百篇文章递给德宗皇帝。

唐德宗

德宗皇帝也是爱才的皇帝，他发布招贤纳士的诏令，希望能够收罗天下的才智之士，改革政治，发展经济，再造先辈的辉煌。于是，他对各地举荐的人才都较为重视，此次由于是杜佑推荐的，他便更加认真地看了起来，结果还没看完，便生气地扔了奏折，这些文章是一篇比一篇差。后来，他这样批评杜佑："这样拙劣的诗歌，还用推荐！"此事情一经传出，便成了达官贵人饭后谈资的内容，他们称之为"准敕恶诗"。

文采也斐然

杜牧之《阿房宫赋》壮丽无比。或谓赋取意杨敬之《华山赋》。洪容斋谓：敬之赋内数语，杜佑、李德裕常所诵念，牧之乃佑孙，则《阿房宫赋》实模仿杨作也。

——何文焕《历代诗话》

如果说，杜佑擅长诗词歌赋，那么他肯定有一定的诗歌鉴赏能力，能够分辨出崔叔清文章的好坏。再从他的秉性来看，他是万万不会做明知道是不好的文章却推荐给掌握生杀大权的德宗皇帝这样的事的。由此可见，杜佑在诗歌方面确实不擅长，以至于他在鉴赏方面能力也相对有限。

不过，虽然杜佑不擅长吟诗作赋，但这并不妨碍他重用赏识富有才华的诗人、学子。在他为官期间，他辟用了不少才学之士，如梁肃、符载[①]、刘禹锡等人。对于“材行有余”且字写得漂亮的人，他更是敬重有加，比如沈传师（沈既济子）。史书这样记载：“传师字子言，材行有余，能治《春秋》。工书，有楷法，少为杜佑所器”。

① 符载，又名苻载，唐代文学家，武都（今四川绵竹）人，与杨衡、李群等隐居山中，号“山中四友”。

当然，我们说杜佑在诗词歌赋上不具有天赋，但这并不意味着杜佑是一个没有文采的人。相反，他也时常作文，也有一些品格较高的诗文流传于世，比如《杜城郊居王处士凿山引泉记》。此文写杜佑请名家指点引流山泉于城南杜曲别墅的故事。该文叙事铺陈，状物写景，颇有特点：

佑此庄贞元中置。杜曲之右，朱陂之阳。路无崎岖，地复密迩。开池水，积川流，其草树朦胧，冈阜拥抱，在形胜信美，而跻攀莫由。……

于是薙丛莽，呈修篁，级诘屈，步逦迤。竹径窈窕，藤荫玲珑，胜概益佳，应接不暇。登陟遗倦，达于高隅，若处烟霄，顿觉神完。终南之峻岭，青翠可掬。樊川之清流，逶迤如带。……

交清泉于巘上，遭旱暵而淙注。止则澄澈，动则潺湲，宛如天然，莫辨所泻。悬布垂练，摇曳晴空。

此外，杜佑还经常品读一些名作，修身养性，比如他经常品读杨敬之[①]的《华山赋》。

臣有意讽赋，久不得发。偶出东门三百里，抵华岳，宿于址下。明日，试望其形容，则缩然惧，纷然乐，蹙然忧歙然嬉。快然欲追云，将浴乎天河。浩然毁衣裳，晞发而悲歌。怯欲深藏，果欲必行。热若宅炉，寒若室冰。薰然以和，怫然不平。三复晦明，以摇其精；万态既穷，乃还其真。形骸以安，百钧去肩。

然后知身之治而见其难焉。于是既留无成，辞以长叹，倏然一人下于崖。金玉其声，霜雪其颜。传则有之，代无其邻。姑射之神，□蒙庄

① 杨敬之，字茂孝，祖籍虢州弘农（今河南灵宝）人，安史之乱中移家吴（今苏州）。唐代文学家杨凌之子。生卒年均不详，约唐宪宗元和末前后在世。唐宪宗元和二年登进士第，平判入等，迁右卫胄曹参军。元和十年在吉州司户任，累迁屯田、户部郎中。

云，始不敢视，然得与言，粲然笑曰：“用若之勇周大物，用若之智穷无端。三四日得无颠倒反侧于胸中乎？是非操其心而自别者耶！虽然，喜若之专而教若之听，无多传。”

维岳之初成，二仪气凝其间。小积焉为丘，大积焉为山。山之大者为岳，岳其数五，余尸其一焉。岳之尊，烛日月，居乾坤。诸山并驰，附丽其根。浑浑河流，从禹以来，自北而奔。姑射九嵕，荆巫梁岷，道之云远兮徒遥而宾。岳之形，物类不可阶。其上无齐，其傍无依。举之千仞不为崇，抑之千仞不为卑。天雨初霁，三峰相差。虹霓出其中，来饮河湄。特立无朋，似乎贤人守位，北面而为臣。望之如云，就之如天。仰不见其巅，肃何芊芊。蟠五百里，当诸侯田。□岳之作，鬼神反覆，蛟龙不敢伏。若岁大旱，鞭之扑之，走之驰之，甘雨澜漫，百川东逝，千里而散。噫气蹶然，怒乎幽岩，渐于人间，其声浏浏。岳之殊，巧说不可穷，见于中天，挲挲而掌，峨峨而莲。起者似人，伏者似兽，坳者似池，洼者似臼，欹者似弁，呀者似口，突者似距，翼者似抱。文乎文，质乎质，动乎动，息乎息，鸣乎鸣，默乎默。上乎上，下乎下，千品万类，似是而非，似非而是。其无缮人事，余安得毕议。今作帝耳目，相其聪明。下瞩九州，在宥群生。初太易时，其人俞俞。

其主人者，始乎容成，卒乎神农，中间数其君，姓氏可称。其徒以饮食为事，未有仁义。时哉时哉，又何足莅！是后敬乎天，成乎人者，必辟其心，假其神，与之龄，降其仁。故轩辕有盛德，蚩尤为贼。生物不遂，帝乃用力。大事不可独治，降以后牧。三人有心，烈火就扑。其子之子，其孙之孙，咸明且仁。虽德之衰，物其所宜。由夏以降，汤武仁以王，桀纣暴以亡。太甲成康，不敢有加。唯遵其常，享国遂长。天事著矣，莫见乎高而谓之茫茫。余受帝命，亿有万岁，而不敢怠遑。

臣赞之曰：“若此古矣祖矣，大矣广矣，富矣庶矣，骇矣怖矣。上古之事，粗知之矣。而神之言，又闻之矣。然神起居于上，宫室于下，如此而久矣。其所见何如也？”曰：“见若咫尺，田千亩矣。见若环堵，城千雉矣。见若杯水，池百里矣。见若蚁垤，台九层矣。醯鸡往来，周西东矣。蠛蠓纷纭，秦速亡矣。蜂巢联联，起阿房矣。俄而复然，立建章矣。小星奕奕，焚咸阳矣。累累茧栗，祖龙藏矣。其下千载，改更兴坏，悲愁辛苦，循其上矣。”臣又问曰：“古有封禅，今读书者，云得其传，云失其传，语言纷纶，于神何如也？”曰：“若知之乎？闻圣人抚天下哀天下，既信于天下，则因山岳而质于天，不敢多物。若秦皇汉武，则率海内以奉祭祀，图福其身。故庙祠相望，坛□墠迤逦。盛气臭，夸金玉，聚薪以燔，积灰以封。天下怠矣，然犹歉歉不足。秦由是替汉由是弱。明天子得贤者在位，能者在职，庙堂之上，垂衣裳而已。其于封禅，存可也，亡可也。”

《华山赋》描述了华山险峻的地理位置，突出西岳华山的威严。此文除了写华山之美外，还通过诉说历年来华山大事纪，讽刺统治者盲目推崇封禅仪式。杜佑认为此文为佳作，经常吟诵。

由于杜佑经常吟诵并教子孙吟诵，以至于后人有这样的说法，杜佑的孙子、唐朝晚期大诗人杜牧所写的《阿房宫赋》与此有关。

《全唐文纪事》引《历代诗话》：“杜牧之《阿房宫赋》壮丽无比。或谓赋取意杨敬之《华山赋》。洪容斋谓：敬之赋内数语，杜佑、李德裕常所诵念，牧乃佑孙，则《阿房宫赋》实模仿杨作也。”

很明显，杜佑的兴趣并不在诗词歌赋，他的兴趣在经史学问、典章制度。这点从《进通典表》可以看出，他在《进通典表》里这样说：“徒怀自强，颇玩坟籍”，“每叹懵学，莫探政经”。

相比于诗词的遣词造句，杜佑更喜欢文章的实在。对此，杜佑的幕僚符载在所作《杜佑写真赞并序》也有详细的记载：“公之为学也，冠冕六籍，衣裳群史，履屡百氏，每读书取其实而不取其华。”

虽然我们知道，杜佑后来是以一人之力完成伟大的《通典》的撰写，但是俗话说得好，巧妇难为无米之炊，没有大量的政府文件和官私典籍文献材料，他是无论如何也完不成鸿篇巨制的。

根据学者专家的研究，杜佑获得大量一手资料可能有这些途径：首先，借助其家庭成员在朝为官的便利。在杜佑步入官场之前，他的长兄杜信在国子监当官，次兄杜位先后在中书省和京兆府当官，使得他得以接触大量的国家藏书和地方文献资料。其次，他步入官场后，也参加了政治实践，接触不少的新旧史籍文献资料。最后，藏书丰富。杜佑虽然不善于吟诗作赋，但是他酷爱读书，收藏了很多书。其孙子杜牧就有诗句回忆杜佑藏书的情况：

> 旧第开朱门，长安城中央。第中无一物，万卷书满堂。家集二百编，上下驰皇王，多是抚州写，今来五纪强。尚可与尔读，助尔为贤良。经书括根本，史书阅兴亡。高摘屈宋艳，浓薰班马香。……愿尔一祝后，读书日日忙。

同样是怀揣修身齐家治国平天下的理想，杜佑却不愿意走大多数人走的诗词歌赋入仕的老路，而走的是偏僻小径。

不过，摆在他面前的道路依旧是不清晰的，甚至是艰难的。

第七章 变局

遭遇安史之乱

老话说，“学成文武艺，货与帝王家。”在封建时代，选拔人才的机制不断完善，到了唐朝，科举考试已经成为朝廷选拔人才的主要渠道。学子要么学文，要么学武，参加科举考试，进而获得朝廷的认可，从而跻身国家公务员的行列，为国效力。

但是，科举只是绝大多数人跻身国家公务员的主要道路，而不是唯一的道路。

在封建时代，为了维护权贵的统治地位，权贵们往往会制定一些规则，给自己的后代一些特权，让他们通过一些特殊渠道入朝为官，比如资荫。

杜希望的几个儿子走的基本上是这样一条道路。杜希望打败吐蕃获得奖赏，他的两个儿子得以封官。杜佑长大成人后，也因为父亲的功劳得到朝廷的任命。公元752年，杜佑被朝廷任命为济南郡参军事，从此踏入官场，开始长达几十年的政治生活。

这里值得一提的是，根据史料记载，杜佑是“本以门资，幼登官序”。按照“20岁弱冠而仕”的惯例，杜佑应该在20岁步入政途，但是他本人却在18岁的时候进入官场。由此可见，杜家在朝野的势力不一般。

跟许多贫民子弟相比，杜佑的命运显然好很多。不过，虽然杜佑轻轻松松地拿到了从政的入场券，但是他在未来的政治生涯中能否脱颖而出则依旧是未知数。

虽然杜佑在工作上兢兢业业，尽职尽责，并获得了不少的好名声。但是，他的努力并没有改变国家的大局，唐朝进入了由盛转衰的历史进程：安史之乱。

安史之乱是唐代玄宗末年至代宗初年发生的中央政府与边疆将领争夺最高统治权的内战。这场战争意义深远，既是唐朝从巅峰跌落的转折点，也使唐朝出现了藩镇割据的局面，最终导致其灭亡。

作为历史的见证者和参与者，杜佑见证了安史之乱的整个过程。

唐朝经过唐太宗“贞观之治”、唐高宗“永徽之治”、武则天的“治宏贞观，政启开元”“贞观遗风”及唐玄宗的“开元盛世”后，迅速成为当时世界上最强大的国家之一。

为了管理辽阔的国土，加强中央对边疆的控制，唐朝政府在边境增设了大量的官职，唐玄宗在开元十年设置了十个兵镇，任命九个节度使和一个经略使管理。

虽说唐玄宗的想法是加强对边疆的控制，但是增设节度使却也造成了节度使权力变大并成为“地方诸侯”的局面。当时，作为一方之长的刺史能够行使部分的行政大权，可是节度使一设置，刺史便成了节度使的下属，无法对节度使形成约束。而节度使不单单掌管着军权，还兼管行政、财政、人民户口、土地等大权，如《新唐书》所言：“既有其土地，又有其人民，又有其甲兵，又有其财赋”。有兵、有钱、有土地，节度使从此雄踞一方，威胁着唐朝中央政府。

唐朝建国初期，一共设置了634个折冲府，其中有261个位于关中，拱卫帝都，呈现出了“外轻内重”的态势，保证了一旦地方有异动，中央军可以以优势兵力保卫京师及其政权。但是，唐玄宗设置节度使，改变了这种态势，变成了内轻外重的局面。以天宝年间为例，中央军不满8万人，但是边

唐玄宗

境的兵力却接近50万人（占全国总兵数百分之八十五以上），而坐拥平卢、范阳、河东三镇的节度使安禄山则有15万精锐部队。

当然，如果说唐玄宗处理得当，那么设置节度使的危害会减少，但是他偏听偏信，任用奸臣，结果使得节度使的权力变大。从唐太宗时代开始，就算边境的番将因忠诚效力而得到提拔，也无法获得上将的官职，因为在他们上面还有各大臣约束着他们。

但到了李林甫[①]当宰相的时候，他发现许多文官都是靠坐镇地方而升入宰相的行列的。为了堵住这条路，从而使得自己的权力得到巩固，他便劝说唐玄宗："凭借陛下的雄才大略，国富民强却无法剿灭夷狄的原因在于，文官控制兵权，却不敢亲冒矢石。为今之计，不如重用番将，他们天生就是打仗的料，勇猛无敌。如果陛下能够感化他们重用他们，他们肯定能够实现陛下的梦想。"

唐玄宗脑子一热，竟然同意了。随后，唐玄宗任命安思顺代替李林甫统领节度使。让李林甫想不到的是，由于他的个人私欲，导致了安禄山得以在边境待14年，最终起兵造反。

安禄山兼三大兵镇，独掌大军，加上十多年没有调迁，使得三镇兵力姓"安"而不姓"李"，更为可怕的是，安禄山手中的精锐超过15万人。当然，如果安禄山忠君爱国，那么安史之乱不会爆发，然而历史没有如果，历史的事实是，安禄山是一个野心勃勃的将领。

---

① 李林甫，唐朝宗室，宰相，李渊堂弟李叔良之孙，画家李思训之侄。他任相19年，大权独握，蔽塞言路，更因提议重用胡将而造成唐朝大衰落。

不过，虽然安禄山野心勃勃，但是如果没有好的机遇，他是万万不敢轻易起兵造反的。事实上，安禄山的造反，与唐朝统治者有莫大的关系。

首先，唐玄宗虽然缔造了开元盛世，但是到了天宝年间，隐藏的矛盾爆发出来，均田制遭到严重破坏，老百姓流离失所，艰难度日，而唐朝政府却依旧歌舞升平，奢靡浪费。

其次，唐玄宗任命奸臣为相导致内部斗争不断。唐玄宗任命的李林甫、杨国忠，都是奸相，他们把持朝政，在职期间，排除异己，培植党羽，结党营私，官员斗争激烈。此外，节度使也分派系，西北派节度使哥舒翰与东北派节度使安禄山之间也有仇怨，相互看不上，争斗不断。

最后，唐玄宗未能妥善处理民族矛盾。唐朝打败突厥后，迁徙了不少突厥人到河北北部幽州一带，与居住在这里的契丹人、奚人共同生活。然而由于生活习惯等不相同，互相歧视，结果被安禄山利用，安禄山任命2500个奚族人和契丹人担任将军和中郎将。这些少数民族成为反唐的先锋。

安禄山的野心

安禄山拥有比唐朝中央政府更加精锐的部队，又看到唐朝表面的繁荣下暗藏着各种问题，于是他认为时机已到，便起兵造反。

唐朝天宝十四年十一月初九（公元755年12月16日），兼任范阳、平卢、河东三镇节度使的安禄山在准备工作完成后，跨出了历史性的一步：于范阳起兵。

老话说，师出要有名，他们便发布假消息，声称拿到唐玄宗的密诏，讨伐杨国忠。

“清君侧”历来是叛乱之臣叛乱的借口，他们往往假惺惺地声称皇帝身边有坏蛋，需要铲除坏蛋，还皇帝和民众一片青天。面对清君侧，唐王朝无能为力，虽然安禄山在“造谣”，但是辟谣根本无济于事，因为安禄山不光是造谣，还真的带动唐军以及同罗、奚、契丹、室韦等15万精锐造反。

由于准备较为充分，又是突袭，安禄山的大军“势如破竹”，起到了先发制人的军事效果。而唐朝中央政府虽然收到了安禄山叛变的奏折，但始终未能做出妥善的处置，也没有进行妥当的战争准备。

在安禄山大军发动进攻时，中央军因为承平日久而久疏战阵，武器腐朽，战斗力弱小；而沿途州县也因为几十年没打过仗而手足无措。在屠刀面前，有的仓促应战，被杀身亡，有的则直接弃城逃跑，丢城丢地，更多的是开城投降，献出城池。没多久，安禄山的铁蹄便踏遍了河北，兵锋直指山西。

战败的消息频频传到京城，大臣们面面相觑，请求唐玄宗尽快下旨，征集重兵反击。但是，此时的唐玄宗依旧认为这是讨厌安禄山的大臣们编造的假话，意图打击安禄山，于是不做处置。

时间一分一秒地过去，大唐帝国所缔造的辉煌一步步地消散，而老百姓则在安禄山的屠刀面前血流成河，家破人亡。如果唐玄宗第一时间做出应对之策，或许安禄山的危害将被阻挡在太原以东，可惜唐玄宗直到十一月十五日（公元755年12月22日）才相信安禄山确实背叛了他，想要取代他的统治地位。

他恼羞成怒，召来奸相杨国忠商议对策。随后，唐玄宗任命安西节度使封常清兼任范阳、平卢节度使，驻军洛阳，抵挡安禄山西进；任命荣王李琬为元帅、右金吾大将军高仙芝为副元帅，率兵东征；与此同时，他任命毕思琛前往东都洛阳募兵防守。

由于当时唐朝的精锐部队还未赶到，城防空虚，高仙芝、封常清只能临时招募将士，但是招到的将士大多数是城市里的子弟，缺乏战斗经验，而且贪生怕死，战斗力不强。

所以，虽然安禄山的主力碰到了中央军，但是中央军却无法阻挡叛军西进的步伐，很快洛阳便沦陷。时任东京留守李憕和御史中丞卢奕坚决不肯投降，结果被安禄山砍了头，壮烈牺牲，而河南尹达奚珣贪生怕死，投降了安禄山。

洛阳会战失败后，安西节度使封常清和高仙芝只好率领军队退守潼关。潼关地势险峻，易守难攻。只要封常清、高仙芝采取得当的战略战术，便能将叛军阻止在潼关关前。

事实上，封常清、高仙芝也是这么做的。作为统军大将，他们非常清楚，安禄山大军兵锋正盛、战斗力强，而唐朝大军刚刚战败，士气低落，而且久疏战阵，需要时间来训练军队，阻击叛军，而后才能伺机反攻，消灭叛军。于是，他们便坚守潼关不出兵。

在潼关面前，安禄山大军的凌厉攻势消失了。面对潼关，他们无能为力，久攻不下，不能前进一步。然而，就在安禄山头疼的时候，唐玄宗帮了他一把，下令以“失律丧师”之罪处斩封常清、高仙芝。两位为国尽忠的大将就这样冤死在阵前。

临阵斩将是兵家大忌，但从政治角度思考问题的唐玄宗并不以为意，他杀完了大将封常清、高仙芝后，很快就任命陇右节度使哥舒翰为兵马副元帅，率领20万大军驻守潼关。

哥舒翰领命来到潼关后，分析敌我军情，然后根据潼关的地理形势，制定了先固守再图进取的策略。于是，唐朝大军继续坚固城防，深沟高垒，闭关固守。这个策略和封常清、高仙芝的策略是一样的，而且一样有效。

天宝十五年正月，安禄山在洛阳称帝后，派其儿子安庆绪率兵攻打潼关，以便主力进攻长安。安庆绪挥师进攻潼关，但被唐军击退，安禄山的大军被阻挡于潼关前。而这一阻挡就是四五个月。

对叛军来说，拖延的时间越长，局势对他们来说就越不利；而对唐军来说，时间越久，胜算越大。这一点，所有人都心知肚明。行伍出身的安禄山更是清楚，如果不赶紧突破潼关，潼关将成为他们的葬身之地。

于是，他想出了诱敌之计：命崔乾祐率老弱病残的士卒驻守陕郡（治今河南三门峡西），而命令精锐部队隐蔽起来。安禄山想借此引诱唐军出关，好一战而下潼关。

但是，哥舒翰也是作战经验丰富的老将，他一眼就看穿安禄山的奸计，依旧按兵不动。可是，安禄山的计策骗了唐玄宗。唐玄宗坐在皇宫里，收到“兵不满四千，皆羸弱无备”的情报后大发雷霆，认为哥舒翰怯弱不敢迎敌，便下令哥舒翰出兵潼关，收复陕洛。

收到唐玄宗的命令后，哥舒翰哭笑不得。一个远在后方依靠零星假情报的皇帝在瞎指挥，自己还不能直接怼回去，哥舒翰欲哭无泪，只能上疏唐玄宗，说明情况：安禄山善于用兵，如今叛乱，肯定准备充分，此次行动肯定是用羸师弱卒来引诱我们，如果我们大军出关，肯定中敌人的奸计。现如今，叛军劳师远征，利在速战；而我们则利在坚守。叛军肆意残杀百姓，丧失民心，且内部派系杂多，久必生乱。我们只要等待时机，他们必定内讧，到时便可以不战而擒之。与此同时，郭子仪将军和李光弼将军在河北和叛军作战，打了几个大胜仗，进展较为顺利，但他们两个人也认为应该坚守潼关，他们主张朔方军应北进范阳，直捣敌人的老巢，使敌军内乱，然后唐军再发动反攻，一举而定天下。

唐玄宗看到奏折后，觉得有道理，便准备命令他们固守。但杨国忠却动起了小九九，他认为哥舒翰按兵不动，其实是准备铲除自己，于是他站出来“说话”：哥舒翰数月按兵不动，只吃干粮不干事情，长此以往，如何收复天下。再说了，如今敌军士气低落，如果再不抓住战机，发动反攻，肯定坐失良机。

杨国忠的这一自私举动，彻底将大唐帝国带入了深渊。哥舒翰接到出兵诏令后，痛哭不已。只是君要臣死，臣不得不死。六月初四，哥舒翰带领十几万大军出潼关。

六月初七，唐军在灵宝西原和崔乾祐部“相遇”。其实不是相遇，而是唐军中了叛军的奸计。灵宝北临黄河，南面靠山，中间是一条70里长的狭窄山道。叛军崔乾祐早就看中这个地方，将之作为围歼唐军主力的地点。他早早地将精锐部署在南面，自己带着残兵败将引诱唐军。

与叛军遭遇后，唐军做出了如下部署：王思礼等率精兵5万作为前军，庞忠等率10万大军继后，而另派3万人在黄河北岸高处击鼓助攻。六月初八，两军交战。

敌军故意示弱，旗鼓不整，老弱病残，在唐军面前，不堪一击，纷纷溃败。唐军杀得性起，忘了这是敌人的奸计，长驱直入，结果中了埋伏：叛军伏兵四起，从山上推下滚木檑石，而唐军虽人多势众，但在狭窄的道路里施展不开，死伤无数。哥舒翰一看形势不对，企图突围，但叛军用火攻，堵住出口。在烟雾弥漫中，唐军方寸大乱，胡乱射箭，而叛军却从南面山谷迂回到唐军背后趁势发动进攻，结果唐军乱作一团，被杀的被杀，淹死的淹死，战场上杀声震天。

眼见前军惨败，后面的10万大军慌了。哥舒翰在将士们的护卫下，冲杀出重围，逃回潼关。此战下来，哥舒翰近18万人马只逃回来了8000人。军情紧急，哥舒翰命令将士们赶紧挖战壕，然而战壕只有二丈宽一丈深，根本抵挡不住叛军进攻的步伐。六月初九，叛军发动总攻，潼关沦陷。

哥舒翰逃到关西驿，招抚失散的士兵，准备再战。但是，他手下的将领发动兵变，绑着他投靠安禄山。

潼关一失，长安不保。唐玄宗得知消息后，假装发布诏令要御驾亲征，其实是让人准备逃跑。当时，龙武大将军陈玄礼整编六军，护卫着部分皇亲国戚逃离长安。一路奔逃到马嵬坡，将士们怨气很大，发动兵变杀了杨国忠等人，而太子李亨及其子李倓、李俶北上。皇帝逃跑入蜀，储君北上，叛军攻占长安，安史之乱进入了最严峻的阶段。

新皇帝唐肃宗

公元756年农历七月十三日，太子李亨在灵武（今宁夏灵武市区）登基，尊唐玄宗为太上皇，改元至德，是为唐肃宗。唐肃宗即位后，任命郭子仪为兵部尚书、同中书门下平章事（宰相），兼任朔方节度使，任命李光弼为户部尚书、同中书门下平章事。

次年，郭子仪和李光弼兵分两路，进攻河北，在常山（河北正定）成功会师，击败了叛军，收复河北。

河北的光复对唐王朝来说是一件大喜事。然而，叛军的势力依旧很强大，他们依旧占据着大唐帝国的半壁江山，而唐王朝只依靠长江、淮河流域的赋税苦苦支撑。如果睢阳陷落，那么赋税通道将被截断。

叛军也看到了这点，便派出大军围攻江淮流域重镇睢阳（今商丘境内）。公元757年正月至十月，安庆绪任命尹子奇为河南节度使，率领13万大军围攻仅有6000多将士驻守的睢阳。

双方血战十个月，大小战400余战，战况惨烈。由于睢阳守将张巡牵制了敌军10多万精锐，唐王朝得以收复长安，并为收复洛阳做好充分的准备。睢阳保卫战结束十天后，唐王朝的大军收复了洛阳。

在唐军与叛军作战过程中，叛军阵营出现了变故。安禄山称帝后，对左右侍从非打即骂，而且深居宫中，不与将领商议军情，引发将领变心。在这种情况下，安庆绪等人刺杀安禄山，安禄山被刺身亡。

安禄山死后，安庆绪继承帝位，号令天下。他命令史思明回守范阳，命令蔡希德等人进攻太原。但长安、洛阳先后被唐军收复，安庆绪只好率领逃兵逃到邺城（河北省邯郸市临漳）。

逃到邺城之后，安庆绪调兵遣将、招兵买马，得6万大军。相比于唐军，安庆绪叛军实力弱小，为了对付唐军，他派使者前往范阳（今北京城西南）向史思明调兵。但是，史思明原本就不服安庆绪，见安庆绪打了败仗，便率军投降唐军。

去除安庆绪的援军，唐王朝准备进攻邺城。但是，在进攻过程中，史思明又叛变唐朝，援救安庆绪，双方大军激战，结果唐军溃败，洛阳再度沦陷。

唐王朝只好退守后方，积蓄力量反攻。乾元元年（公元758年）九月，唐肃宗命各路大军，总兵力约20万人，北征围攻安庆绪。同年十月，唐军击败安庆绪率领的7万援军，并在邺城近郊击败叛军，围住邺城。

安庆绪派人到史思明处求援：只要史思明发兵救援，他就把皇位让出来。史思明心动了，他带领13万精锐南下，和唐军在邺城周边交战。双方死伤惨重，最终唐军不敌，节节败退。

邺城解围后，史思明诱杀了安庆绪及高尚、崔乾祐等人，兼并了安庆绪的部队。他让自己的儿子史朝义驻守邺城，然后率军返回范阳，自称“大燕皇帝”。

对唐军来说，局势异常严峻。然而，上天最终眷顾唐朝，叛军内部再度发生了变化。公元761年三月，史朝义学安庆绪，将自己的亲生父亲杀死。史思明被杀后，叛军四分五裂。最终，史朝义兵败，无路可走之下自缢，而叛军则纷纷投降唐军，历时七年又两个月的安史之乱结束。

游　宦

出任剡中县丞

受律仙郎贵，长驱下会稽。鸣茄山月晓，摇旌野云低。翦寇人皆贺，回军马自嘶。地闲春草绿，城静夜乌啼。破竹清闽岭，看花入剡溪。

——李嘉祐《和袁郎中破贼后经剡县山水上太尉》

天宝之乱爆发时，时年二十多岁的杜佑刚好在济南为官。不过，随着战争局势越来越严峻，杜佑的官职也发生了变化。他被调到吴越剡中（今浙江绍兴）任剡县县丞。

老话说，天下兴亡，匹夫有责。作为国家公务员，在国家遭遇变故战乱的时候，更应挺身而出，杜佑也应如此。但是，为何杜佑没有在前线效力，反而背井离乡，到南方做官呢？

历史已经远去，真相已经变得支离破碎，作为安史之乱的见证者，杜佑没有在史书上留下确切的原因。但是，从留存的史料来推测，也许杜佑远走南方有两方面的原因。

首先，战争避难。战争爆发后，中原富贵人家纷纷举家逃难，在当时，他们所选的避难之地有两个，一个是襄汉荆湘地区，一个是江浙吴越地区。

作为权贵子弟，杜佑南调有可能是家族动用关系的结果。

其次，正常的朝廷调动。战争刚刚爆发时，杜佑还在济南为官。当时，济南太守李随曾响应身处河北的颜真卿起兵抗敌。不过，由于叛军势力强大，颜真卿在坚守数月后也只能退出河北，平原、清河、博平等地相继失守。

随着战争的进行，全国进入战时状态，全国各地的官吏接受中央的调配。据史料记载，唐肃宗至德年间，崔涣曾主持战时江淮地方官吏选补事务，杜佑调迁也是自然而然的事情。

剡县在中国历史上是一个极为有名的地方。它于汉朝时立县，隶属会稽郡，到唐朝时，隶属越州，置县有近千年的历史。其境内风景优美，有剡溪、镜湖、天姥山等风景名胜；经济发达，尤其是魏晋南北朝时期，大量中原移民移居此地，带来了中原的技术、文化，使得该地的经济得到了大的发展。《宋略》说："会稽山阴，编户三万，号为天下繁剧之所"。

这里还是文人雅士酷爱的地方，王羲之等文人在这里的兰亭会友；六朝文人王子敬也极为喜欢这个地方，留下了"镜湖澄澈，清流泻注，乃山川之美，使人应接不暇"的诗句；唐朝大诗人贺知章返回故地，皇帝特意划出镜湖剡田一部分作为赏赐；而李白、吴筠等人也曾在此游玩。

唐代诗人李嘉祐（天宝七年及第，与严维、刘长卿等友善）有一首诗描写剡县虽也遭受战争之难但相对安定的景象：

受律仙郎贵，长驱下会稽。
鸣茄山月晓，摇旌野云低。
翦寇人皆贺，回军马自嘶。
地闲春草绿，城静夜乌啼。
破竹清闽岭，看花入剡溪。

济南郡太守李随奉命前往汴州、睢阳，担任河南道节度使，组织兵力抗击叛军。随着李随的离开，济南郡“群龙无首”，很快就弃守告失。但是这种情况还在继续恶化，河南道鲁郡、东平、济阴等郡也先后落入敌手。

唐肃宗至德年间，唐政府为了收罗人才，宣慰江南，便派崔涣到江南去选补官吏。

崔涣也是豪族子弟。他是博陵安平（今河北安平）人，博陵郡王崔玄暐之孙，礼部侍郎崔璩之子。跟杜佑一样，崔涣早年丧父，在兄长的照顾下长大成人，其性格也与杜佑相似，“综经术，长论议”“学义精洞，文词典丽”“实每副名”。长大后，他先后出任亳州司功参军事、司门员外郎、巴西太守等职位。在家族的帮助下，加上崔涣自身努力，在安史之乱期间晋升为宰相，任黄门侍郎、同平章事，辅佐唐肃宗。

《新唐书·崔涣传》：“肃宗立，与韦见素等同赴行在。时京师未复，举选不至，诏涣为江淮宣谕选补使。收采遗逸，不以亲故自嫌。”

公元756年十二月，朝廷命崔涣宣慰江南，兼知选举。至德二年（公元757年），崔涣抵达江南，主持江南选补事宜。杜佑得知后，参加了选举，并获得崔涣的赏识，得以担任剡县县丞。这一年，杜佑23岁。

虽然说县丞在唐朝地方行政体系里是个职微事重的八品小官，但是得到朝廷的任命后，杜佑还是高高兴兴地前去任职。对于这个江南小县，杜佑也是非常喜欢的。只是，当时正值国家战乱，杜佑没有心情与文人雅士会饮于兰亭，流连于美景。相反，他在职位上恪尽职守，兢兢业业地做事情。

县丞是一个县的副职（二把手），掌管主户等、田地、簿籍、课调、“导扬风化、抚字黎氓，敦四人（民）之业，崇五土之祠，养鳏寡，恤孤穷，审察冤屈，躬亲狱讼”等事情。其中，县丞最为主要的职责是听讼治刑狱。

职位低，责任大，俸禄少，任务重，在历朝历代的官场里，都是官员避之唯恐不及的。深谙官场之道的人都清楚，卑微的人将工作做好了，功劳往往都是上级的；事情做不好，那么责任都是下属的。对于那些纨绔子弟以及依靠特殊渠道当官的人来说，县丞这样的工作他们是万万不想做的。如果说他们“不幸”当了县丞，那么多数也是打打马虎眼，敷衍塞责，流于形式，将工作时间用来买官、跑官，以便尽快离开卑微的工作岗位。

对杜佑这样的权贵子弟来说，摆在面前的压力是巨大的。而且，杜佑的同事想必也不认为豪族出身的杜佑能够恪尽职守，他们认为杜佑不过是来避难的，不出多久就升迁到别的地方去。

面对压力和疑问，杜佑没有抱怨，他也没有忙于跑官，希冀自己早点得到升迁，而是非常认真地处理事务。在刚开始，面对一大堆杂而乱的事情，杜佑确实有点不知所措，往往忙得不可开交，却又事倍功半。但是，杜佑是个善于学习的人，他在处理事情的时候，多向有经验的人学习，并注意归纳总结，最终将事情处理得井井有条，上司认可，下属佩服，而老百姓也赞赏杜佑公正、高效。

有付出就有收获，在基层的这种历练为杜佑日后晋升受重用奠定了基础。

工作之余，杜佑的生活过得较为轻松惬意。跟公务的烦琐单调相比，私生活则轻松有趣多了。剡中越州地接杭、湖、苏、常、润等州，人杰地灵，物华天宝，又是许多文人雅士避难的宝地。他们在这里相互唱和，在战乱中得到些精神补偿。

在唱和之中，杜佑认识了不少人。比如独孤丕，此人在剡县任县主簿，两人是同事。然而，独孤丕的身份不一般，他是当时江南文人领袖之一独孤及的弟弟，富有才华，擅长术数黄老。

比如刘乃，也是杜佑在剡县时的同事之一。刘乃也是才高八斗的官员，他和杜佑的缘分不止于此，日后他们都在尚书省为官共事，时杜佑拜户部侍郎，刘乃为兵部侍郎。

此外，与杜佑往来密切的还有越州司马崔昭、长史李锋、户曹参军王士宽等人。

伯乐韦元甫

徙河南采访使，以判官员锡善讯覆，支使韦元甫工书奏，时号“员推韦状”，陟皆倚任之。

——《新唐书·韦陟传》

杜佑在任职剡县期间，有两个人对杜佑的工作生活产生了较大的影响。其中一个是他次兄杜位，一个是韦元甫。前者我们会在后文展开叙述，此处我们重点叙述韦元甫。

韦元甫，唐朝著名诗人、官员。小的时候就接受良好的教育，人很聪明，学习成绩好，擅长诗词歌赋。他一生中写了不少的诗词，但大多没有保存下来，如今《全唐文》只载入其《木兰歌》。由于该诗与我们耳熟能详的《木兰辞》相似，也有较高的鉴赏价值，我们摘录如下：

木兰抱杼嗟，借问复为谁。欲闻所戚戚，感激强起颜。
老父隶兵籍，气力日衰耗。岂足万里行，有子复尚少！
胡沙没马足，朔风裂人肤。老父旧羸病，何以强自扶？
木兰代父去，秣马备戎行。易却纨绮裳，洗却铅粉妆。

驰马赴军幕，慷慨携干将。朝屯雪山下，暮宿青海旁。

夜袭燕支虏，更携于阗羌。将军得胜归，士卒还故乡。

父母见木兰，喜极成悲伤。木兰能承父母颜，却卸巾鞲（jiǎng）理丝黄。

昔为烈士雄，今复娇子容。

亲戚持酒贺，父母始知生女与男同。

门前旧军都，十年共崎岖。本结兄弟交，死战誓不渝。

今者见木兰，言声虽是颜貌殊。

惊愕不敢前，叹重徒嘻吁。世有臣子心，能如木兰节，忠孝两不渝，千古之名焉可灭！

在处事上，韦元甫也很机智。当上国家公务员后，他在自己的岗位上干得很出色，深得韦陟[①]的赏识，得以担任更高的官职，累迁苏州刺史，浙江西道团练观察使等职。

《新唐书·韦陟传》："徙河南采访使，以判官员锡善讯覆，支使韦元甫工书奏，时号'员推韦状'，陟皆倚任之。"

韦元甫为官也较为清廉。在接到朝廷任命他为丹阳刺史（今江苏镇江）后，韦元甫前去赴任。上任第一天，他就得知裴枢[②]住在丹阳。于是，第二天，他就让人拿着衣服、书信和作为凭证的物件前去裴枢家。

但是，裴枢这个人以清流自居，不与一般的官员往来，对待亲戚也是如此。所以，他非常生气地将送礼的人赶走了。韦元甫得知后，没有生气，而是在次日亲自乘车前去拜访。

---

① 韦陟，京兆万年（今西安）人，唐代官员，文学家，尚书左仆射韦安石之子。开元中袭郇国公，累授吏部尚书。

② 裴枢，绛州闻喜（今运城闻喜）人。吏部尚书裴向之孙，御史大夫裴寅子。咸通十二年进士，升为蓝田尉，值弘文馆。跟随唐僖宗入蜀，擢拔为殿中侍御史。龙纪初年官至给事中，改为京兆尹，常以清流自居。

不过，裴枢早有准备，告诫仆人不许他们通报。结果，韦元甫等人在门外停留了好长一段时间。新官上任，拜访名人亲朋是再正常不过的了，可是却吃了闭门羹。韦元甫的下属都看不过去，替他气不过。可是，韦元甫却说："裴枢这个人太偏狭固执了。我初来乍到，必须要跟军吏、监军们见见面，相互认识认识。可是，受到这样严重的责备，不敢当啊！"

裴枢的母亲看不下去，就让人将韦元甫迎到大堂暂坐，同时让下人准备酒宴。直到这个时候，裴枢才出来与韦元甫谈话，得知韦元甫只谈公事，不谈私事就非常高兴。

安史之乱爆发后，韦元甫也避难南方，他先是辗转到荆襄地区，在大约于乾元、上元之际（公元759—762年）往东赴江南，出任洪州都督、江南西道观察使，过了一段时间后，转赴润州（今镇江），为润州刺史。

公元768年，淮南节度使崔圆卒，中央政府任命韦元甫为尚书右丞，出为淮南节度使。韦元甫接受朝廷任命，前往扬州任职。

韦元甫与杜佑的父亲有交情。在从政为官的道路上，杜佑的父亲杜希望曾经帮助过韦元甫，韦元甫深记在心。平时，韦元甫也经常与杜希望的几个儿子有联系，杜佑也是如此。

在韦元甫担任润州刺史期间，杜佑前来投奔。韦元甫热情招待他，并以故人之子留他在身边做事。

补选遇贵人

佑时在旁，元甫试讯于佑。佑口对响应，皆得其要。元甫奇之，乃奏为司法参军。

——刘昫等《旧唐书》

公元764年九月，朝廷派李岘为江南东西道及福建等道知选事、劝农宣慰使。这个李岘也不是一般人物，他在唐朝历史上也极为有名。

他出身皇族，唐太宗李世民玄孙，吴王李恪曾孙，信安郡王李祎第三子。含着金钥匙出生的李岘并没有染上纨绔子弟的恶习，而是学习儒家经典，修身、齐家、治国。他一生侍奉三朝，多次担任地方一把手，屡次担任京兆尹，五次当上宰相，六次官拜尚书，七次担任专门大使，是三朝重臣。他因为知人善任，刚正不阿，颇有政绩，诏令入凌烟阁。

李岘到达江南时，杜佑已经在南方待了9年，这也是朝廷在时隔9年后派出官员到江淮地区进行选补官吏活动。消息一经传开，江淮地区的官员欢声雷动，纷纷做好准备参加难得的选举。唐朝诗人皎然[①]因为朋友姚太祝要参

① 僧皎然，俗姓谢，字清昼，湖州（浙江吴兴）人，是中国山水诗创始人谢灵运的十世孙，唐代著名诗人、茶僧，吴兴杼山妙喜寺主持，在文学、佛学、茶学等方面颇有造诣。

加选举而写诗送别：

两河兵已偃，处处见归舟。
日夜故人散，江皋芳树秋。
楚云伤远思，秦月忆佳游。
名动春官籍，翩翩才少俦。

从皎然的诗歌中，我们可以想象出，当时的淮河补选官员活动有多么火爆。经历战火的唐朝，已经不再是生灵涂炭，不再是烽火连天，而是老百姓纷纷回归田园，孤冷寂静的市场再度热闹起来，人们欢声笑语，安居乐业，而官员们则也渡过了劫难，迎来了国家新局面。

补选官员的消息传来，杜佑也手足舞蹈起来。整整9年，自己的职位一直没有变动。虽然说，自己喜欢这个地方，但是长时间地待在一个地方，得不到升迁，等同于被贬。更何况，年富力强的杜佑渴望在政治舞台上有所成就。所以，他欣然前去参加补选。

不过，抱有杜佑这种想法的官员很多，以至于竞争非常激烈，出现了僧多粥少的局面，杜佑如何才能够喝到粥呢？在当时，政治仕途上有背景的人都会托人推荐，希望能够增加自己被选上的概率；而没有背景的人也会想尽各种办法去找关系，希望能够获得朝廷的提拔。

当然，这种推荐是类似于举贤不避亲的内部推荐。事实上，在古代很长一段时间之内，朝廷任命官员好多是内部推荐的，目的在于为国家推荐贤良的官员。当然，这种推荐也是有风险的，如果被推荐人违法乱纪，那么推荐人也要承担较大的责任。

杜佑也不例外，他也找人帮忙。虽说杜佑政绩较好，有可能被李岘看中，但是如果别人都去找人，自己不去找，意味着自己被刷下来的概率会增加。于是，他找了润州刺史韦元甫。

韦元甫虽然知道杜佑在江南做了多年的官，且是故友杜希望的儿子，如今故友之子有求于己，肯定是能帮就帮，但是选官是大事，万一推荐个纨绔子弟，违法乱纪，自己则会受到牵连。更何况，花钱送礼的人几乎踏破了他的门庭，那么多人来求他办事，如果他一味地推荐杜佑，那么必然会惹众怒。所以，他并没有着急答应杜佑。相反，他接待了杜佑，并将他留在身边做事，想要考察一下杜佑，想看看究竟杜佑像不像外面所传的那样，做事精干，为人敦厚。

一天，杜佑随同韦元甫到地方视察。韦元甫的目的很简单，在视察工作的同时，考察一下手下的官员，看哪些是害群之马，哪些是真的在为国效力，值得推荐。

得知上级要来视察，各级地方官一改办事拖拖拉拉的风格，着手进行各种准备，整理文件的整理文件，打扫卫生的打扫卫生，负责扫街的扫街，负责安全保卫工作的负责安全保卫工作……所有这一切，只为了赢得韦元甫的认可，获得韦元甫的推荐。

对于这种形式主义，当了几十年官的韦元甫见怪不怪。从内心讲，他肯定不希望下级官员谄媚上级，但是自古以来，官场风气如此，他也就只能睁一只眼闭一只眼：既然你们愿意折腾，那就折腾，反正到时候选官选得上选不上，我只看能力。

在视察过程中，韦元甫特意到司法参军办公室，调阅卷宗，查看司法参军工作情况。一看韦元甫认真查看卷宗，当地官员吓得脸色苍白，浑身颤抖，因为他们很清楚，韦元甫所看的正是他们遇到最棘手的一个案件，由于难以处理，始终搁置在一旁。

对于下属的表现，韦元甫自然尽收眼底，只是他默不作声，准备处理完后再对这些官员批评教育。然而，他看完卷宗后，思考了好久，始终没有解决办法。这个时候，杜佑刚好在他旁边。

韦元甫看了一眼杜佑，示意杜佑处理这个案件。这是韦元甫对杜佑的考察，如果杜佑能够成功处理案件，那么推荐之事十有八九能成，如果杜佑不能处理好案件，那么推荐之事就难说了。

所幸，杜佑之前主要工作就是管理刑狱这一块，数年间从他手中过的案卷不计其数，在处理案件中，他积累了大量的经验。对于眼前的这个案件，虽说有些难度，但是经过层层剖析，他还是将案件处理好。

面对颇有难度的案卷，年轻的杜佑却从容淡定地处理了。这些，韦元甫看在眼里，记在心里。视察结束后，韦元甫立马推荐杜佑。这也是史书记载的："佑时在旁，元甫试讯于佑。佑口对响应，皆得其要。元甫奇之，乃奏为司法参军。"

经过激烈的角逐之后，李岘看中杜佑，向朝廷举荐他为润州司法参军。司法参军这个官职早在两汉时期就已设置，不过不叫司法参军，而叫决曹，主要负责刑法这一块。唐代，则改名为司法参军事，在府就叫法曹参军，在州则叫司法参军，在县则称司法佐，主要职责也是掌管刑法。

在仕途上，杜佑碰到了韦元甫。正是韦元甫的赏识和重视，才让杜佑在众多官员中脱颖而出，得以离开待了近九年的县级岗位，调到上一级政府部门——州府和道一级部门工作。

这是杜佑官场生涯中极为重要的一步，从他离开县级岗位开始，他的辉煌生涯从此开始。不过，杜佑并不知道未来的自己会入朝为相，相反，摆在他面前的是两次叛乱。在这两次叛乱中，他再度面临生死抉择。

润州，地处长江、运河交汇处，位于今天镇江市西南部。在隋唐之前，被称为朱方、谷阳、丹徒、京口等，隋唐时期，朝廷以州东有润浦，所以称之为润州。它所管辖的范围相当于今天江苏省镇江、南京、丹阳、句容、金坛、江宁等市县地区。

由于地处江南运河入江之口，为南北交通枢纽，润州的作用巨大。它与苏州和扬州都是江淮经济、文化重地。安史之乱期间，它是朝廷赋税的重要来源地，给朝廷提供了后勤保障，为平定安史之乱提供了强有力的支持。可以说，没有江南、淮南源源不断的经济支撑，唐朝平定安史之乱的历史必将改写。

当然，润州之所以能够提供军需保障，主要还在于它远离安史之乱的主战场，受战火影响较小。不过，这种情况，在安史之乱结束后，发生了变化。

江淮都统刘展首先发动叛乱。刘展是什么出身，年轻时的经历如何，由于缺乏史料记载，我们已经很难得知。据史书记载，刘展这个人比较有能力，和御史中丞李铣担任淮西节度使王仲升的副手，也就是淮西节度使副使。

按道理，一正二副可以更好地为朝廷服务，但是这三个人又相互看不上。

李铣贪婪残暴，经常干不法的事情，而刘展则刚正好强自负。面对这两个副手，王仲升非常不满意，他决定除之而后快。他首先搜集李铣违法的证据，然后奏请朝廷，将李铣杀掉。

李铣死后，当地又传出了歌谣："手执金刀起东方。"王仲升借此让邢延恩上报朝廷说："刘展这个人非常刚愎自用，不听上级的命令，按照歌谣来看，日后必成大患，必须除掉他。"

邢延恩是王仲升的同党，于是他就添油加醋地对皇帝说："刘展和李铣原本都是副手，现在李铣死了，刘展肯定焦虑不安。如果不抓紧机会除掉刘展，那么刘展将来肯定会发动叛乱。考虑到刘展手握重兵，不能够强行杀了他，而应该用计除掉他。在此，我们希望皇上能够任命他为江淮都统，令旧都统李峘在半道设伏兵，李铣没有了兵权，我们就可以轻而易举地杀掉他。"

皇帝相信了王仲升等人的鬼话，同意杀掉刘展。为了稳住刘展，他们对外宣布：调刘展为都统淮南东、江南西、浙西三道节度使，同时暗地里命令旧都统李峘及淮南东道节度使邓景山找机会杀掉刘展。

回到淮南后，邢延恩将皇帝的诏书拿给刘展看。原本就战战兢兢的刘展更加怀疑，多年的官场生涯让他感觉到这里面肯定有阴谋。于是，他说：“我从陈留参军以来，历经生死，拼尽全力，才升任刺史。这已经是暴贵了。如今江淮租赋所出，关系朝廷安危。我没有功劳，也不是皇亲国戚，朝廷为何如此重用我？难不成有人在背后捣鬼？”

说完后，七尺男儿竟然声泪俱下。邢延恩害怕，就安慰说：“刘大人向来有才华，皇帝让您管理江淮地区，这是信任您。你为什么要怀疑呢？”

对于邢延恩的虚情假意，刘展依旧不信。他非常清楚，自己与王仲升、邢延恩等人根本不是一路人，他们平时都想方设法害自己，怎么可能在皇帝面前替自己美言，这里面肯定有奸计。

为了把握主动权，刘展就说：“如果你说的是真的，那么我是否可以先拿到印节呢？”邢延恩生怕对方怀疑，便说可以。随后，他飞奔到广陵，与李峘谋划，将印节给刘展。

拿到了印节，刘展暗下决心，如果有人害自己，就起兵造反。不过，他表面上不露声色，依旧上表谢恩，暗地里却让人去招集江、淮亲信旧部，放到核心岗位上，然后率兵七千前去广陵任职。

直到这个时候，王仲升和邢延恩才知道刘展已经看破了自己的计策，于是他们和李峘、邓景山起兵阻击刘展，说刘展谋反，同时下文到各个州县，让州县出兵抗敌。

李峘引兵渡江，和润州刺史韦儇、浙西节度使侯令仪屯兵京口，邓景山则率领万余人驻防徐城。

可惜，刘展是从死人堆里爬出来的，骁勇善战，治军有方，在军中很有威望。他一路走来，江、淮地区唐军惊恐不已。刘展派人问邓景山：“我奉诏书赴镇，你在这里排兵布阵，严阵以待做什么？”邓景山不知道怎么回答，沉默以对。

刘展确认朝廷想杀他后，便让人到阵前喊话：“你们都是我亲自教导出来的，是我的子民，就不要再挡我的道了。”随后，他派得力干将孙待封、张法雷应战，邓景山打不过，很快就溃散，邓景山和邢延恩逃往寿州，刘展率兵进入广陵。

起兵造反后，刘展派人领兵三千攻打濠、楚等地，派王恒领兵四千攻掠淮西，其中就包括润州。

得知刘展叛乱，润州严阵以待，但是在刘展强大的兵力面前，润州还是沦陷了。

面对叛军，杜佑坚定地站在朝廷这一边，只是战争期间，刀枪无眼，杜佑过得胆战心惊。不过，面对刘展的叛乱，朝廷及地方官员也没闲着，邓景山向平卢节度使田神功求援。

跟邓景山相比，田神功优秀得多。他原本是安禄山的部下，也是从死人堆里爬出来的，但是后来安史之乱被平定，他归顺了朝廷，被朝廷任命为平卢节度使。不过，虽然说归顺了朝廷，可田神功这个人治军糟糕，纵容将士四处烧杀抢掠，他所统领的官军和土匪没有区别。

刘展叛乱后，他应约率兵进攻扬州。双方在当时的经济重地展开了厮杀。经过三个月的血战，刘展战败，造反失败。占据扬州后，田神功下令劫掠扬州，结果原本没有受安史之乱的扬州遭遇了官军的破坏。《邓景山传》记载：“神功至扬州，大掠居人资产，鞭笞发掘略尽，商胡大食、波斯等商旅死者数千人。”其中，包括不少外国人，对此，外国文献《中国印度见闻录·法译本序言》中有详细记载：“根据史料，无论如何也不能低估阿拉伯人在近东与南亚之间海运中应有的地位。公元758年以来，居住在广州的大食人与波斯人众多，甚至到了足以反抗中国当局并劫掠城市的程度。两年之后，有上千的波斯、大食商人在江苏扬州的一次兵祸中遇难。”

经过刘展的叛乱和田神功的烧杀抢掠之后，江淮地区遭到了较为严重的破坏。然而，战乱并没有就此终止。事实上，安史之乱所造成的影响又导致了不少的农民起义发生。

《旧唐书·代宗纪》记载，宝应元年（公元762年），朝廷为追征江淮地区八年赊欠租调，调豪吏做县令，搜刮民脂民膏，作为地方官的袁晁也被迫向老百姓要血汗钱。不过，袁晁为人忠厚，不愿意残害百姓，结果因为征赋不力遭到朝廷的鞭背之刑。

这种强行跟老百姓要血汗钱的行为，激怒了民众，他们纷纷起来反抗。看到民怨很深，局势混乱，袁晁起兵造反。由于群众基础好，同仇敌忾，起义军势如破竹，很快就攻克临海城，赶走了台州刺史史叙。随后，起义军又四处出击，进军台、衢、温、婺、明、越、信、杭、苏、常等江东十州。可以说，起义军兵锋所指，城池必破。起义军人数骤增，很快就发展到20多万人。打赢缴税斗争后，起义军没有就此收手，而是在临海建立大本营，建国称号，年号“宝胜”。

消息传到京城，满朝文武大惊，朝廷立即命令李光弼统率平定安史之乱的精锐部队围剿农民军政权。面对精锐的中央军，起义军毫无畏惧，双方前后十多战，尸体堆积如山，血流成河，最终中央军突破数道防线，攻破临海城，袁晁逃跑，起义失败。宝应二年（763年）四月，袁晁在唐兴石垒寨（今天台关岭）战败被俘，押到长安后被杀。

唐永泰元年（765年）至次年五月，苏州（今江苏苏州）土豪方清和陈庄举兵起义。当时，苏州一带发生天灾，民众生活艰难，饿殍遍野，方清乘机拉杆子，民众纷纷响应。

方清率领数万民众造反，他们在黟（今安徽黟县）、歙（今属安徽）一带活动，由于地势险要，易守难攻，他们进行了较为成功的反唐斗争。而在另一边，陈庄和陈五奢则率领民众占据广德县（今属安徽）山洞，进行斗争。

这两支起义军常常联合作战，他们以宣州秋浦县（今安徽贵池）西140里的乌石山和太平古城等作为据点，切断长江航路，给朝廷的航运造成了极为严重的影响。

朝廷采纳江西观察使判官李芃的建议，“请以秋浦置州，扼守险要，使不得合从”，然后各个击破。唐代宗李豫采纳此议，将宣州的秋浦（今安徽贵池）、青阳（今属安徽）与饶州的至德县（今安徽青阳西南）合并，设置池州，任命李芃管理池州，同时调河南道副元帅李光弼率军围剿起义军，并下令其他诸道官军助战。

在强大的攻势面前，起义军的日子过得异常艰难。次年5月17日，唐军攻下了歙州石埭城，方清战死沙场，陈庄等2.55万人投降，起义宣告失败。

此外，发动叛乱的还有许钦等人，两淮地区遭受了十多年的战乱。

在这期间，杜佑在润州任职，经历了战争。所幸的是，他在战争中存活了下来。

韦元甫主政润州时间不长，约莫3年，杜佑在韦元甫手下担任司法参军的时间也不长，可能只有一年不到的时间。这是因为韦元甫的官职发生了变动。

永泰元年（公元765年）十一月，韦元甫改任苏州刺史兼浙西观察使。这对韦元甫来说是一件喜事，毕竟升迁是朝廷对自己工作的认可，同时调到苏州这样富庶的地方任职，也符合韦元甫的想法。

当然，对杜佑来说，韦元甫升迁对自己也是一件好事。韦元甫是自己的伯乐和好友，他的官职越来高，那么杜佑就越有可能因为得到韦元甫的重用而得以施展自己的才华。

果不其然，在赶往苏州就任之前，韦元甫找到杜佑，两人畅谈了一番。韦元甫直截了当地对杜佑说，虽然润州这个地方不错，但是希望杜佑能跟自己去苏州。杜佑略加思索后，欣然答应。于是，杜佑跟随韦元甫去苏州。在韦元甫主政的苏州，杜佑得到了重用，他被任命为浙西幕府从事。

“幕府”原来指的是，古代将军的府署（因军队出征，使用帐幕，故称），亦指运筹帷幕之大将。后来，人们将权臣、戎帅、疆吏、牧守引荐亲信士人以入府署参与行事决策成为幕府制度。其主要功能是：置备顾问、咨议谋划、参与决策、掌握机要、典属文书，乃至迎接宾客、经办庶务或代主巡行出使等，其中尤以参议决策和掌握机要为重。

可以说，杜佑得到了韦元甫的重用，他参与了韦元甫治理苏州等行政要务。史书记载，韦元甫对杜佑所提意见，言听计从。杜佑的政治才能可见一斑。

碰到帝国理财专家

自兵乱一纪，事殷四方，耕夫困于军旅……致令户口减耗，十无一二，而河南、淮南又甚诸道。……自河之南，天下之半，底慎财赋，衣食京师，久于倚任，多所宏济，因其旋南，将命攸属，所至之处，宣命诏书。

——常衮《刘晏宣慰河南淮南制》

杜佑在苏州生活了三年。在这三年时间里，他遇到了另一位伯乐：时任朝廷东都、河南、江淮、山南等道转运使、主持江淮赋税漕运的刘晏。

刘晏，字士安，曹州南华（今山东东明）刘固堆人。跟杜佑相比，刘晏的出身差了些，他出生在一个普通的官僚地主家庭里；在家里排行第三，是其父亲刘知晦最小的儿子。但他天资聪慧，学习刻苦，擅长诗、赋、文，小小年纪就才华横溢，是乡里有名的神童。

开元十三年（725年）十一月，唐玄宗为了夸耀自己的政绩，率领文武百官到泰山封禅。途经兖州，当时只有10岁的刘晏，到唐玄宗的行宫，献上了自己写的《东封书》。

唐玄宗来了兴致，看了起来，字迹娟秀，文辞畅达，更为主要的是，通篇都是在赞颂自己的功绩。唐玄宗非常高兴，和刘晏聊了起来。当得知刘晏只有十岁的时候，唐玄宗有些不相信，他不相信年仅十岁的孩子能写出这样的文章，于是让一旁的宰相张说现场出题考试。

结果，刘晏对答如流，出口成章。张说非常满意，对唐玄宗汇报说："皇上，这是天才！天才！是国家的祥瑞。"唐玄宗本来就喜欢才学之士，听后龙颜大悦，封刘晏"太子正字"。

刘晏的好运没有止步于此，封禅之后，唐玄宗带着刘晏回到首都长安。到达长安后，刘晏的事情传遍了京城，随之而来的是，公卿大臣、达官名士纷纷邀请刘晏，刘晏名声大噪。

开元十五年（公元727年），唐玄宗到勤政楼看戏，刘晏也被邀请陪同观看。在看戏过程中，唐玄宗准备逗一下刘晏，便说道："你是正字官，正了几个字。"

刘晏

刘晏不假思索地答道："天下字皆可正，唯朋字不可正。"唐玄宗哈哈大笑，打心眼里喜欢这个神童。

唐玄宗身旁的贵妃也想考一考刘晏。她见一个女艺人表演顶竿，竹竿顶端有个盛装小儿在表演歌舞，便让刘晏以此作诗一首。刘晏欣然领命，脱口而出："楼上百戏竞争新，唯有长竿妙入神。谁得绮罗翻有力？犹自嫌轻更著人。"在场的人都大声叫好，刘晏的名气更大了。

此后，刘晏历任夏县（今山西夏县）、温县（今河南温县）县令。任职期间，他廉洁奉公，尽职尽责，政声、名声俱佳。安史之乱爆发后，刘晏先是避难襄阳，后又在多地担任太守、刺史等官职。

宝应元年（公元762年）四月，刘晏升任户部侍郎兼度支、铸钱、盐铁等使，开始主持唐朝中央的财政工作。掌握国家财政工作开始，此后20年刘晏为大唐帝国的经济复兴和振兴做出了巨大贡献。

举个例子，在刘晏掌管财政工作之前，大唐帝国全年收入40万缗，但刘晏进行财政改革之后，大唐帝国到大历末年收入高达600万缗。也因为这点，他被后世称为“理财师”。

可惜，由于改革触动了不少大官僚、大商人们的利益，加上他秉公办事，选贤任能，严惩污吏，给自己树了很多的政敌。一朝天子一朝臣，唐代宗死后，刘晏的好日子就到头了。

唐德宗即位后，反对集团便开始制造黑材料陷害刘晏。结果，唐德宗还真信以为真，撤了刘晏的职。但反对势力对刘晏恨之入骨，并没有就此罢休，而是继续栽赃陷害，最终皇帝以谋反的罪名赐刘晏自尽。

一代伟大的理财家就这样结束了他的一生。不过，刘晏生前提拔了很多有真才实学的人，杜佑就是其中一个。

刘晏此次下江南，带着多重目的，明面上的目的有两个：一个是代表政府宣慰南方。常衮在《刘晏宣慰河南淮南制》中说道：“自兵乱一纪，事殷四方”，“致令户口减耗，十无一二，而河南、淮南又甚诸道。”“自河之南，天下之半，底慎财赋，衣食京师，久于倚任，多所宏济”，“因其旋南，将命攸属，所至之处，宣命诏书”。

还有一个目的是，视察浙西润州丹阳境内的练湖–江南河航道疏通工程。对此，李华《润州丹阳县复练塘颂并序》有所记载：“时前相国彭城公刘尚书晏统东诸侯，平其贡税。闻而悦之，白三事以闻。诏书褒异焉。彭城公宣命至江南，捧诏授公。公率元僚掾吏、令丞以下、至于耆艾，西向拜手，忻戴皇明。人心上感，天降嘉泽。”

刘晏作为朝廷特使到地方祝贺润州官员，杜佑刚好又是润州的官员。在这样的机缘巧合之下，刘晏与杜佑见面了。至于杜佑与刘晏见面如何，我们不得而知，但是这次见面应该对杜佑后来的仕途有重要的影响。当然，在当时的情况下，这一切还没有显露出来。

大历三年六月，韦元甫担任扬州大都督府长史、淮南节度使。他一到扬州，立刻将杜佑纳入麾下，任命为淮南节度使幕府从事。这一年，杜佑34岁。

对杀鸡取卵的税收政策说不

清明廉直，温毅宏重。易简之道，本于健顺，忠智之谋，发为事业。……江介吏师，以为神明。

——权德舆《杜公淮南遗爱碑》

从这一年开始，一直到大约大历十至十一年（公元775—776年），也就是将近10年的时间，杜佑这个北方汉子，一直生活在烟雨蒙蒙、风景如画的扬州，将他的最美好的青春时光留在了扬州。

当然，生活在浪漫的扬州，杜佑并没有沉迷在花红酒绿之中，而是节制自己的欲望，继续向着自己的人生目标迈进：努力工作，加官晋爵。日子一天天地过去，杜佑的年纪也一天天地增加，其官职也随之增高，由从七品晋阶至从六品，担任检校主客员外郎。

权德舆在所撰《杜公淮南遗爱碑》中，对杜佑这一段经历作了评价描述。他写道：

清明廉直，温毅宏重。易简之道，本于健顺，忠智之谋，发为事业。虑善以动，得时大行。其初筮仕，州府交辟。韦尚书实为己知。始自掾吏，累为命介。盈庭斗辨，积岁遗留者，片言以听断，含冤自诬，具狱论杀者，覆视而全活。江介吏师，以为神明。

大致的意思是说，杜佑为官清正廉洁，为人温润稳重宽宏大量。他凡事求简，兢兢业业，事情考虑周全才行动，实在是个人才。刚开始当官的时候，往来于州府之间，当小官吏，不得志。刚好碰上韦尚书这样的伯乐。从此以后，他得以施展自己的才华，利用自己的善断才能断案，处理了很多积压的案件，他只要听取片言就可以判断是非，含冤自诬，具狱论杀，一目了然，周边地区的官吏，视他为神明。

杜佑解决了韦元甫的烦心事，但更让韦元甫开心的是，有了杜佑，他主政扬州“政尚不扰，事亦粗理”，治理乱后的扬州颇有功绩。

安史之乱给大唐帝国带来了重创，虽然中央政府最后歼灭叛军，重新统一天下，但是战争带来的创伤很大：北方很多城市沦为废墟，民众颠沛流离，背井离乡，经济遭受严重破坏，重建工作迫在眉睫。然而，巧妇难为无米之炊，重建工作离不开大量的钱财支持。没有钱财，重建工作无从说起。悲剧的是，此时的中央财政捉襟见肘，根本拿不出钱来，只能让各个地方自己想办法。如此一来，原本不事生产的各级政府自然只能“八仙过海各显神通”。然而，他们想来想去的，最终都是在税收上大做文章，搞出各种各样的名目，征收杂税来增加税收。

为了打败叛军，大唐帝国的百姓能出的钱早已出了，能出的人都出了，省吃俭用，勒紧裤腰带，送儿子上战场，忍受生离死别，苦苦支撑着前线。好不容易熬到了战争的胜利，可到头来，老百姓还没有熬到收成的季节，还没有度过艰难的岁月，其亲人战死沙场的血还没干，政府又向他们征税了。

原本生活就已经艰难的老百姓，这下子更是雪上加霜了。民怨很大，有些地方甚至出现了暴动。对于政府巧立名目收税的行为，杜佑坚决反对。他认为重建工作是着急，但是得给老百姓活路，收税是扰民的，不利于重建。

他在《通典》中说道：

> 自天宝末年，盗贼奔突，克复之后，府库一空。又所在屯师，用度不足，于是遣御史康云间出江淮，陶锐往蜀汉，豪商富户，截籍其家资，所有财货畜产，或五分纳一，谓之率贷，所收巨万计。盖权时之宜。其后诸道节度使、观察使多率税商贾，以充军资杂用。或于津济要路及市肆间交易之处，计钱至一千以上者，皆以分数税之。……上元中，敕江淮堰埭商旅牵船过处，准斛斗纳钱，谓之埭程。大历初，诸州府应税青苗钱，每亩十文，充百司手力资课。三年十月十六日，台司奏，缘兵马未散，百司支计不给，每亩更加五文。

其结果则是“自是商旅无利，多失业矣”。

收税是杀鸡取卵、祸害百姓之举，杜佑坚决反对。当时，他作为使府幕僚，参加一线工作，自然是提出了自己的意见。韦元甫虽然很想跟别的官员一样收税，但最后还是采纳杜佑的意见，没有收税，反而“革刬烦苛”，行“政尚不扰”之政，给当地百姓喘息发展的机会。

关于此事，唐朝官员独孤及在《祭扬州韦大夫文》中赞叹道：“惟公剖符，作藩维扬，往岁斯民，匪迪匪康。自公戾止，视之如伤，饰吏以儒，出言有章，革刬烦苛，载戢暴强”。

这种不盲目跟风、反其道而行之的做法，证明了杜佑的从政智慧与从政能力。

结交好友，志同道合

及丁先尚书忧，迫礼不死，因成痼疾。既免丧，相国、扬州节度使杜公，领徐泗，素相知，遂请为掌书记。

——刘禹锡《子刘子自传》

人是天生社会性动物，在工作生活中，总是离不开与人打交道。事实上，在人生道路上，人脉资源在事业和生活中所产生的作用极大，以至于世界人际关系专家卡耐基说：成功来自于85%的人脉关系，15%的专业知识。

当然，对于身处政治场的杜佑来说，人脉关系也极为重要。在扬州工作期间，杜佑结交了不少志同道合的朋友，这些朋友成了他政治上的人脉资源，在他未来的人生道路上或多或少有些帮助。

关播，今河南辉县人，经过苦读考中进士，成为国家公务员。他比杜佑年长10多岁，在杜佑初出茅庐的时候，他已经做过多地地方官。大历八年，调任淮南，与杜佑平级，两人脾性相合，而且都有一番作为的想法，关系较好。后来，关播调入京城，曾经一度担任宰相职位，还以御史大夫的身份持节护送咸安公主入回纥和亲。

杜佑结交的另一位好友是刘绪。单提刘绪，或许很多人都不知道他，但是提起刘禹锡，那么恐怕大多数人都知道刘禹锡是唐朝著名的诗人，而刘绪恰好是刘禹锡的父亲。

相比于刘禹锡，刘绪自然是籍籍无名，但在当时刘绪还是小有名气的，甚至说，刘禹锡后来得以声名大噪，也有刘绪的功劳，正是刘绪认识的杜佑重用了刘禹锡，刘禹锡才得以拥有更好的平台施展才华。

且说刘绪。刘绪是刘邦后人，到唐朝，已经传了40多代。恰逢安史之乱，为了避难，举家南迁，居住在苏州嘉兴。他以儒学交游于江南士僧之间，颇有名气，后来被浙西观察使李栖筠征辟为幕府从事。当时，杜佑依旧在淮南幕府为官，两人成了同事。两人志同道合，饮酒赋诗，品评时政，谈论古今，不亦乐乎。以至于虽然相处时间不到5个月，但是两人的联系却是始终没有中断过。杜佑离任后，刘绪依旧在浙西幕府当幕僚，主持本府盐铁事务。后来，刘绪生病，杜佑得知后大老远地前来探望。对于这点，刘禹锡在《子刘子自传》写道：

> 及丁先尚书忧，迫礼不死，因成痼疾。既免丧，相国、扬州节度使杜公，领徐泗，素相知，遂请为掌书记。居数月而罢徐泗，而河路犹艰难，遂改为扬州掌书记。

杜佑在浙西、淮南幕府期间，与他共事的还有蒋晁、刘太真、张惟俭、张惟静等人。

繁华之地的杭州，自古就是文人骚客聚集之地，活动着无数文人，如李华、萧颖士、郑虔、殷寅、柳芳、陆据、邵轸、皇甫冉、赵宗儒、韩会、崔造、卢东美、张正则等人，他们常常谈诗论道，饮酒作赋，品评朝政人物，拥有较大的社会影响力。

比如，当时的江南文坛领袖李华，《新唐书·李华传》称："华爱奖士类，名随以重。若独孤及、韩云卿、韩会、李纾、柳识、崔祐甫、皇甫冉、谢良弼、朱巨川，后至执政显官"。

按道理，同处一地，文人之间沟通交流唱和也是正常的。不过，杜佑却很少与他们交往，当然也可能是史书没有过多地记载这方面的事情。

剩男的完美婚姻

制女年十七父母不嫁者，使长吏配之。

——《晋书·武帝纪》

在这段时间内，杜佑迎来了人生的一件大事：成家。

汉朝无名氏《四喜诗》说："久旱逢甘霖，他乡遇故知，洞房花烛夜，金榜题名时"，是人生中的四件大喜事。对于此时的杜佑来说，他经历了兵荒马乱，避难于异乡，早已经历久旱逢甘霖、他乡遇故知，至于金榜题名，他也无须去考，凭借家族的余荫，他早已经踏入仕途。在他人生四件大喜事中，只剩下洞房花烛夜。

相比于早已取得功名，杜佑结婚的时间却相对晚了很多。根据史书记载来推断，杜佑是在31—33岁间结婚的。放到今天，这个年纪也已经是晚婚了，放到古代，杜佑更是剩男一枚。

在中国古代，结婚是人生中最重要的事情之一。古人认为"男有室女有家"，人们才能够安居乐业，社会方能和谐稳定。为此，上至政府，下至民间，对结婚都极为重视。

关于结婚年龄，历朝历代都有规定，比如《周礼》记载：男子三十而娶，女子二十而嫁。女子因故晚嫁的，最多不超过二十三岁。到了汉代，据杨树达《汉代婚丧礼俗考》记载，结婚年龄为男子十五六岁，女子十三四岁。唐代也不例外，贞观时期，男性20岁结婚，女性15岁结婚，到了中后期则有所提前，改为男性15岁可以结婚，女性13岁可以结婚。而后历代封建王朝，基本上是继承这个规定。

男大当婚，女大当嫁。为了维护社会安定，历代政府还专门设置部门和人员来管理老百姓的终身大事，一旦有超龄的，就采取强制手段进行处置。比如周代，政府专门设立了管理男婚女嫁的部门，致力于管理民众终身大事。一旦超龄不婚，累及亲人。春秋时期，管理则更严格，越王勾践要求男子20岁必须娶妻，女子15岁必须嫁人，否则就对其父母进行处罚。汉朝规定，女子15岁到30岁未嫁人，则要罚钱600钱。晋代规定，女子到适婚年龄不结婚的，政府就强行给她找对象。《晋书·武帝纪》这样记载："制女年十七父母不嫁者，使长吏配之。"意思是说，女子到17岁，如果还没嫁出去地方官府就要找个"剩男"逼其出嫁。南北朝时期，如果女子15岁还没嫁人，其家人则要坐牢。北齐则将14岁以上20岁以下尚未婚娶的全部抓去服役。唐朝中后期规定，男子超过18岁未娶，女子15岁没嫁人的，也都要受到政府的惩罚。

简单地说，剩男、剩女都是不被允许的，是违法的，是会遭到惩罚的。

杜佑生活的年代刚好是贞观之后，按照规定，他超过18岁前必须结婚的规定，是要受政府惩罚的。但杜佑对此似乎并不怎么上心，一直拖到过了而立之年才结婚。

任浙西幕府从事期间，杜佑经常与周边地方官往来，认识了不少官员，也结交了不少好友。眼看着杜佑年纪越来越"大"，这些好友也如杜佑家人一样，看在眼里，记在心上，一有不错的女子便争相给杜佑介绍。

既然是众人的好意，杜佑也不好直接拒绝，便答应"相亲"。然而，要么杜佑没看上人家，要么人家嫌杜佑年纪太大、官职太小，或者干脆以杜佑是外地人而拒绝。结果，杜佑依旧单身。

虽说单身，但是杜佑并不觉得孤独寂寞，也不会觉得自己是异类，相反他相信缘分。他认为，自己单身是缘分未到，如果想要将就，何必坚持这么多年。说来也巧，有一天，他到江苏常熟县令梁幼睦家做客时，偶然见到了县令之女。梁氏正值妙龄，粉红玫瑰香紧身袍袍袖上衣，下罩翠绿烟纱散花裙，腰间用金丝软烟罗系成一个大大的蝴蝶结，鬓发低垂斜插碧玉瓒凤钗，显得体态修长，妖妖艳艳勾人魂魄。

杜佑不知不觉间爱上了她。至于拜会期间，对方究竟谈了些什么，杜佑完全不知道；至于怎样离开梁府回的家，他也记不得，他只感觉自己精神恍惚。他只好硬着头皮和好友说，身边好友得知后，便都哈哈大笑，而后你一言我一语地给杜佑张罗提亲的事情。

在一帮好友的帮助下，杜佑成功地娶到了心爱之人。这期间，结婚准备的紧张气氛，结婚时的欢喜气氛，自是不必多说。在盛大的结婚典礼之后，杜佑和妻子结束了单身生活，过上了千万普通夫妻过上的男主外女主内的平常生活。

婚后的日子也大多较为平淡，杜佑依旧到政府上班，而梁氏则负责收拾家里家外。

结识高官张延赏

张氏嘉贞生延赏，延赏生弘靖。国朝已来，祖孙三代为相，惟此一家。

——李肇《唐国史补》

光阴似箭，很快就到了公元771年。这一年，发生了一件大事，给杜佑带来了较大的影响：伯乐韦元甫在任上因病去世。

韦元甫的为官处事，杜佑学到了不少，他认为韦元甫管理一方，颇有政绩。他极为认可时任舒州刺史的著名文人独孤及后来在致祭文里所写的：

王命九伯，底绥四方惟公剖符，作藩维扬。往岁斯民，匪迪匪康。自公戾止，视之如伤。饰吏以儒，出言有章。革刻烦苛，载戢暴强。将吏奉君，若网在纲。罔或作威，以紊典常。民斯辑睦，政亦允臧，和气被物，丰年降祥。

伯乐去世，杜佑极为伤心，但是斯人已逝，生者如斯，杜佑还要继续自己的生活。伯乐死去，自己的未来究竟在哪里，杜佑心里也没有数。好在上天眷顾，上天刚带走一位伯乐，又给杜佑送来了另一位更能影响杜佑仕途的伯乐：新任淮南节度使张延赏。

与杜佑相比，张延赏的家庭环境要差许多。他出生于普通家庭，自幼丧父，历尽生活艰辛。好在人穷志不穷，他勤奋刻苦，又颇有天资，在开元末年得到唐玄宗的召见，获得左司御率府兵曹参军的官职。

由于他博学多才，又精于业务，很快引起朝廷大臣的重视，尤其是得到了当朝宰相苗晋卿的器重，后者甚至因为欣赏他的才学人品，而将自己的爱女嫁给他为妻。安史之乱期间，他跟随唐肃宗前往陕西凤翔，因为拥立有功，当上了监察御史，获赐绯衣、鱼袋，而后担任各种要职。

在生灵涂炭的年代，人心惶惶，断壁残垣，四处一片萧条。在这样的困境中，张延赏愣是靠着自己的才能，稳定政局，恢复生产，立下大功，升任御史大夫。关于他治理地方，流传下许多佳话，有一则是这样的：

他曾命狱吏审理一桩冤案，限期十日。下属认为这是不可能完成的事情，便在他书桌上放了张字条："出钱三万贯，请您不要再过问此案。"竟然贿赂上司，张延赏勃然大怒，责令狱吏加大查案力度。下属认为钱没给够，便又放了张字条，上面写道："出钱五万贯。"

张延赏更加生气，将破案期限缩短到两天，结果他的书桌上又有一张字条："出钱十万贯。"至此，张延赏感叹道："出钱十万贯，连鬼神都能买通，没有不能挽回的事。我害怕灾祸，不敢再管此事。"后来，人们便以"钱可通神"比喻金钱的魔力和诱惑极大。

然而，一路顺风顺水的张延赏还是栽了跟头。公元771年，成都司录李少良弹劾权相元载，要求张延赏配合。但是，张延赏认为不能干污蔑人的勾当，拒不配合，结果被外放到扬州当刺史、淮南节度观察使等。

这也是张延赏为官的低潮期。但是，张延赏并不在乎。事实上，经历过安史之乱这样浩劫的张延赏，岂能被眼前的失意所困扰？到达地方后，他依旧兢兢业业地工作。

正是张延赏的到来，杜佑的才能得到了施展。在相处过程中，张延赏发现杜佑品行端正、做事务实，认真负责，虽说杜佑不太善于交际，但是善于处理各种工作事务，便主动与他走近。见到上司如此看重自己，杜佑更加努力工作。随着两人的沟通交流，彼此发现志趣相投，便成为好友，两家经常往来，关系密切。

史料记载：杜佑曾经到张延赏家里做客，在他看到张延赏的儿子张弘靖时，感觉这个孩子未来必定大有前途，便跟张延赏说弘靖是国之栋梁，未来必定能担任宰相高职。由此可见，能够随意出入张府并可以较为随意地说话，两人的关系匪浅。

不过，没多久张延赏母亲去世的噩耗传来了。中国古代以孝治国，张延赏回去守孝，杜佑只能孤军奋战。但是，这种情况在张延赏守孝期满后得到了改变。

公元779年，朝廷下达了任命书：免去张延赏扬州刺史、淮南节度观察使职务，改任检校兵部尚书、成都尹、剑南西川节度观察使，兼任御史大夫。

任命下后来，杜佑既高兴又遗憾。高兴的是，自己的上司终于迎来了转机，得以晋升；遗憾的是，好友加上司的张延赏马上要离开扬州，到别的地方为官。天涯茫茫，各别一方，此后是否能再次相聚，则未可知。

不过，杜佑与张延赏的友谊并没有就此结束。后来，张延赏因为理政有方，当上了宰相。当上宰相后，他没有忘记依旧在地方打转转的杜佑，将其调入京城为京官。也因为这样，才有后来杜佑为相的故事。

初撰《通典》

淮南元戎之佐，曰尚书主客郎京兆杜公君卿，雅有远度，志于典邦，笃于好古，生而知之。以大历之始，实纂斯典，累纪而成。杜公亦自为序，引各冠篇首，翰与杜公数旬探讨，故颇详旨趣，而为之序。

——李翰《通典序》

张延赏离任后，前来接任的是陈少游。此人也是个人物，他善于处理政务，也善于用兵，是个文武全才。根据史书记载，公元781年12月14日，他派兵攻打海州，迫使海州叛将王涉投降；在保境安民方面，也做得不错。不过，此人“善结权贵”，品行差，公元783年12月，陈少游率兵攻打李希烈叛军，因为有私通叛军的嫌疑，惊惧而死。也因为这点，杜佑与之关系较为一般。

杜佑的工作生活依旧在继续，只是少了些好友，他有更多的时间来支配。不过，他的主要业余时间不是用来与文人骚客畅聊古今趣事，谈论朝政大事，吟诗作赋，而是用在了读书写作上。史书记载杜佑“夜则灯下读书，孜孜不怠，笔耕不辍”。

当然，杜佑所读之书并非当时流行的传奇，也就是如今的小说，或者是坊间传言，或者是文人骚客的诗词歌赋，而是经典古籍，如《易》《书》《诗》《周礼》《仪礼》《礼记》《春秋左传》《春秋公羊传》《春秋穀梁传》《论语》《孝经》等。

这倒不是说，杜佑所读之书太过狭窄，相反，凡是经史子集，他都会翻看，甚至连当朝官员的书札，他也会去翻看。因为他有一个梦想：撰写《通典》。

《通典》重点讲述历代典章制度的沿革变迁，自远古时代的黄帝起，到唐玄宗天宝末年止，分为九类，食货、选举、职官、礼、乐、兵、刑、州郡、边防，每类又各分子目，子目1500余条，近200万字。对于历代典章制度，杜佑都详细地叙述了它们的源流，有时不但列入前人有关的议论，而且用说、议、评、论的方式，提出自己的见解和主张。

现如今，我们都知道，《通典》是中国历史上第一部体例完备的政书，是“十通”之一。它是典章制度专史的开创之作，在史学史上占有重要地位。在杜佑之前，典章制度史都是杂糅在纪传体史书中的。但是，随着时代的发展，典章制度显得越来越重要，而原来的纪传体由于受到篇章和体例上的限制，已经无法肩负完成社会经济制度发展变化的任务。杜佑看到了这点，并别出心裁，大胆地将其独立出来，从此典制史成为传统史学中的一个重要门类。杜佑的这项举措，具有巨大的历史意义。不过，当时的杜佑并没有想到这一点，他只是认为典章制度不太完善，而想要修一部史书而已。

当然，和杜佑有同样想法的人不在少数。刘秩也发现了这点并撰写了《政典》，刊刻面世。这对杜佑来说，压力巨大，不过杜佑“得其书，寻味阙旨”，加上自己的独创性，最终于群书中脱颖而出。

如此浩大的工程，在没有任何科研经费、没有方便的资料检索、没有团队配合等情况下，杜佑一人完成，其难度不言而喻，其精神不可谓不伟大。但是，杜佑做到了这点，他靠的是不积跬步无以至千里的精神，通过业余时间学习整理资料，撰写史书，而这一做就是10年。

不过，让后人惊讶的是，杜佑开始萌生写《通典》想法的时间是在二十七八岁的时候，开始写作的时间也是二十七八岁的时候。二十七八岁的年纪，阅历依旧不够多，品行依旧不够成熟，但杜佑却开始了伟大的梦想。

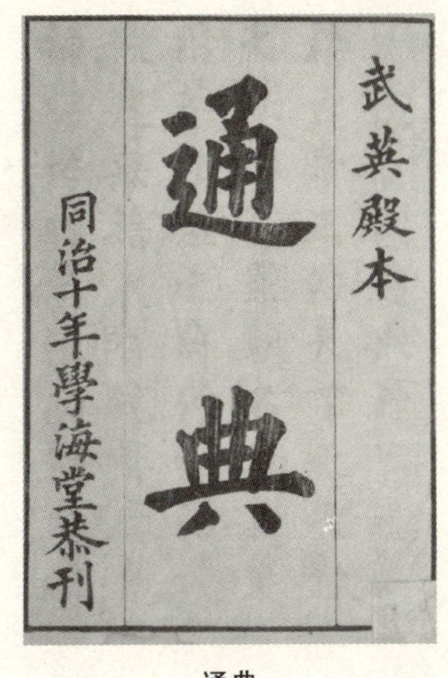

通典

李翰《通典序》："淮南元戎之佐，曰尚书主客郎京兆杜公君卿，雅有远度，志于典邦，笃于好古，生而知之。以大历之始，实纂斯典，累纪而成。杜公亦自为序，引各冠篇首"，"翰与杜公数旬探讨，故颇详旨趣，而为之序"。

杜佑花了10年时间，孤军奋战撰写接近200万字的《通典》并最终成功，其志气和功力，着实令人敬佩赞叹。当然，杜佑写完初稿后，又花了26年的时间来修改，倾注了全部心力，却没有功利之心，可谓是一位伟大的文人。对此，王鸣盛赞叹道："如佑，诚可云全福，自古文人，罕见其比！"

第九章

京　官

陷入政治旋涡

杨炎罢度支、转运使，命金部、仓部代之。既而省职久废，耳目不相接，莫能振举。天下钱谷无所总领。癸巳，复以谏议大夫韩洄为户部侍郎、判度支，以金部郎中万年杜佑权江淮水陆转运使，皆如旧制。

——司马光《资治通鉴》

就在杜佑于地方工作生活之际，朝廷的斗争波及了他。他接到了朝廷的调令：进京为官。

从杜佑为官到其调任中央，已经过去了十多年。在这十多年里，杜佑基本上都是在地方当小官，仕途没有什么大的起色。从当时朝廷官员的级别来看，杜佑与宰相职位相距遥远。

当时唐朝的官员等级可以分为三大部分：

1.中央决策集团：以皇帝为首，包括宰相在内的权贵阶层；

2.高级官员：主要有台省部司长官，地方节度使观察使，州、府刺史，都督等中央地方五品以上的官员；

3.中低层官员：省司郎吏，使府、州府僚佐，县令及其属吏等中央、地方六品以下的官员。

很明显，杜佑属于第三等级官员。后来，他得以进入中央，主要得益于能力和运气。

《资治通鉴》：“杨炎罢度支、转运使，命金部、仓部代之。既而省职久废，耳目不相接，莫能振举。天下钱谷无所总领。癸巳，复以谏议大夫韩洄为户部侍郎、判度支，以金部郎中万年、杜佑权江淮水陆转运使，皆如旧制。”

当时，朝廷政治动荡，派系斗争非常激烈，大臣元载、刘晏、杨炎互相攻讦，人事变动很大。唐代宗后期，刘晏获得唐代宗的支持，得以掌控朝廷人事大权。掌权后，刘晏对政敌痛下杀手，陷元载于死地，将杨炎赶到地方去任职，而任命自己本派系的官员担任重要职务，推行自己的财政改革计划。

然而，这种状况随着唐代宗的去世而结束。唐代宗去世后，唐德宗即位。正所谓“一朝天子一朝臣”，唐德宗冷落刘晏，刘晏大权旁落，而主持朝政的是崔佑甫。崔佑甫刚好是刘晏的政敌，于是刘晏派系遭到了重创。崔佑甫当上丞相不到两百天，就“除官八百人”，刘晏也受到了影响，但是依旧掌管着江南、山南、江淮、岭南、关内、河东、剑南财计；可是没过多久，唐德宗又召回杨炎，结果派系斗争更加激烈。

在唐德宗的支持下，杨炎大获全胜，他不仅力推两税法，还从各个方面打压刘晏。为了扳倒刘晏，杨炎使出了浑身解数，借助刘晏害死元载的事情向皇帝弹劾刘晏。最终，刘晏转运、租庸、青苗、盐铁等使的职务被解除，被贬到忠州当刺史，几个月后被皇帝下诏“缢杀”。

在这场血雨腥风的政治斗争中，杜佑可谓是处境微妙。按照隶属来看，他是刘晏的人。刘晏掌权后，对杜佑关爱有加，让他从小小的幕僚人员当上江西青苗使、抚州刺史，完成从小官员跻身地方大员的转变。可以说，杜佑的这种转变，与刘晏的欣赏与提拔有莫大的关系。

可是，如果按照派系来看，杜佑与杨炎的关系更加密切。因为在政治斗争中，杨炎始终没有打击杜佑，相反，让他继续安心为官，并在刘晏倒台后重用杜佑，让他担任江淮水陆转运使，接管有关事务。

当然，这并不是说杜佑在政治斗争中态度模棱两可，是个墙头草，风往哪吹往哪倒。相反，杜佑之所以能够有惊无险，在于杨炎深知杜佑的政治见解与自己相差无几。他们都认为，财政事权归正式的建制尚书省本部司为好，而刘晏的做法不是长久之计。此外，杜佑认同两税法。如此一来，尽管杨炎这个人张扬、骄傲，与杜佑的品性格格不入，但是他们依旧能够在一起共事。

升任户部侍郎

宋白曰：建中初，杜佑改漕路，自浚仪西十里路，其南涯引流入琵琶沟，经蔡河，至陈州合颍，是秦汉故道，自隋开汴河，利涉扬、楚，故官漕不复由此道，佑始开之。

——司马光《资治通鉴》

在残酷的政治斗争中，杜佑凭借自己的无争、能力与运气得以保全。他在公元779年至780年8月担任金部郎中，而后被杨炎调任到江淮担任水陆转运使，数月后又担任度支郎中、带御史中丞衔，兼江淮水陆转运使，于次年升任户部侍郎（省部级中央高级经济官员），成为掌管全国财政事务的主要长官。

可以说，杜佑的政治生涯是蒸蒸日上，在短短的时间内，他屡次获得提拔，主管全国财政事务。

虽说此次担任户部侍郎的时间只有短短的两年时间，但是这两年时间却给杜佑施展才华的平台。他在主管全国财政过程中，恪尽职守，大胆改革，做了不少事情。

第一，恢复刘晏旧制，加强对江淮物资转运的管理。《资治通鉴·建中三年》载：“十一月，率所部三万徙镇许州。遣所亲诣李纳，与谋共袭汴州，遣使告李勉，云已兼领淄青，欲假道之官，勉为之治桥，具馔以待之。而严为之备。希烈竟不至。又密与朱滔交通，纳亦数遣游兵渡汴以迎希烈。由是东南转输者皆不敢由汴渠，自蔡水而上（胡注：蔡河，古之琵琶沟，在浚义县。杜佑曰：汉运路，出浚仪十里路入琵琶沟，至陈州而合颍。宋白曰：建中初，杜佑改漕路，自浚仪西十里路，其南涯引流入琵琶沟，经蔡河，至陈州合颍，是秦汉故道，自隋开汴河，利涉扬、楚，故官漕不复由此道，佑始开之）。”

建中三年十一月，地方叛将李希烈联合朱滔、李纳等人造反，企图攻占汴、许之地，阻断汴河运路。关键时刻，杜佑提出在汴运河西边的蔡水开运河，解决了危机。这一年，来自江淮的物资补给等，都是走的这条水路运往京城的。

第二，整顿恢复地方州府朝集上计制度[①]，加强中央对地方相关数据的管理，掌握更确切的数字。经过他的大力整顿和主持处理，中央政府掌握了地方相对准确的数据，“自建中初，天下编氓百三十万，赖分命黜陟，重为案比，收入公税，增倍而余。诸道加出百八十万，共得三百一十万。遂令赋有常规，人知定制”。

第三，对本部进行整顿，改革官僚体制。《通典·职官典·户部尚书》：“建中三年正月，户部侍郎判度支杜佑奏：天宝以前，户部事繁，所以郎中、员外郎各二人判署。自兵兴以后，户部事简，度支事繁，惟郎中、员外各一人。请回辍郎中、员外各一人，分判度支案，待天下兵革已息，却归本曹。奉敕依。”

第四，提出改革全国官僚体制的建议。他认为“建中初，河朔兵絮战，民困，赋无所出”，应该减少官吏人数，不虚设官职，而应予民休养生息。

① 朝集上计制度的一个重要功能就是借以汇总全国每年的户口数、赋税征收数，为户部提供财政报表统计数据。

《新唐书》如是记载：

> 设官之本，以治众庶，故古者计人置吏，不肯虚设。自汉至唐，因政战艰难以省吏员，诚救弊之切也。……当开元、天宝中，四方无虞，编户九百余万，帑藏丰溢，虽有浮费，不足为忧。今黎苗凋瘵，天下户百三十万，陛下诏使者按比，才得三百万，比天宝三之一，就中浮寄又五之二，出赋者已耗，而食之者如旧，安可不革！

不仅如此，杜佑还具体谈到哪些官职可以减少，职能相同、属于重复设置要尽可能减少，以军事方面的官职为例，当时有两套中央禁军系统，这样重复设置纯属浪费，可以精简。不过，他的这个建议触动了官场中无数人的利益，奏折呈上去后，就如泥牛入海杳无消息，史书上只记载“议上，不省”。由此可见，改革的阻力有多大！

第五，在泾州兵变前对军费进行摸底。当时各地方藩镇割据，各个将领拥兵自重，不仅没有起到保家卫国的作用，还对国家造成了威胁。他们平日里向中央要粮饷军备物资，私下里却鱼肉百姓，无恶不作，一遇战事，则不肯用力。

经过安史之乱后，大唐帝国的财政入不敷出，而要维持一支庞大却不肯用力的军队的开支，压力很大。作为大唐帝国的财政官员，杜佑自然想方设法要解决军费问题。根据当时的情况，战争结束后，没必要维持庞大的军费开支，杜佑认为有必要进行实地调研，摸底军费情况。于是，杜佑到泾州去试点调研。

然而，杜佑这一行动，给他历时将近5年的中央级高级官员的生涯画上了句号。

杨炎倒台，杜佑遭殃

太常博士韦都宾、陈京以军兴，庸调不给，请借京城富商钱，大率每商留万贯，余并入官，不一二十大商，则国用济矣。判度支杜佑曰：“今诸道用兵，月费度支钱一百余万贯，若获五百万贯，才可支给数月。”

——《旧唐书》

虽说杜佑一心以国家利益为重，丝毫不考虑自己的利益，甚至自己的政治前途，不惧生死，但是这并不意味着他的改革能够成功。历朝历代，但凡改革势必都会遇到强大的阻力，而主张改革的很多都“不得善终”，商鞅最终遭遇车裂，吴起被楚国贵族射杀……

杜佑是靠着宰相杨炎的重用才得以施展才能，但是随着杨炎的倒台，杜佑也很快遭了殃。当时，虽然杨炎担任宰相，强力推行了名垂青史的两税法，但是朝堂上的权力斗争并没有就此结束，相反愈演愈烈。

卢杞这个人在历史上也是臭名昭著的奸臣。他出身较好，长大后因为家门庇护而得以跨入政界，此后受到数个节度使的征用，但不受节度使的喜欢，只好返回京城，打通关系，担任刑部员外郎、金部郎中、吏部郎中等职位。

虽说卢杞办事能力不行，但是说到钻营、拉帮结派、投机取巧，倒是“一把好手”。担任京官后，他的官运亨通，仕途顺利，平步青云。到公元781年就与宰相杨炎并肩。小人一得势，立马见猖狂。卢杞上台后，嫉妒贤能，刚愎自用，擅权专断，遇到稍微不顺从自己的人，立刻给对方穿小鞋，甚至置对方于死地。

富有才华的杨炎自然入不得卢杞的“法眼”，对卢杞来说，杨炎非常碍眼，必须除之而后快。他知道京兆尹严郢与杨炎两人相互看不上眼，于是便提拔严郢为御史大夫，排挤杨炎。结果，没多久，杨炎果真被卢杞诬陷，被贬到千里之外的崖州，最后死在了那里。

当然，倒霉的不只是杨炎。卢杞非常看不惯颜真卿仗义执言，明知道他打不了仗，却命令他出使叛军李希烈，借助李希烈杀了颜真卿，一代书法大家就此陨落。此外，杨炎一派遭到全面“清洗”，杜佑也不例外。

对卢杞来说，杜佑是杨炎一党，必须加以处置，于是卢杞命人搜罗杜佑的罪证。跟许多官吏不同，卢杞的党羽找了半天没有找到任何罪证，急得如热锅上的蚂蚁，但是就在这个时候，他们得知杜佑调查军费的事情，于是便设下了圈套。

> 太常博士韦都宾、陈京以军兴，庸调不给，请借京城富商钱，大率每商留万贯，余并入官，不一二十大商，则国用济矣。判度支杜佑曰：今诸道用兵，月费度支钱一百余万贯，若获五百万贯，才可支给数月。甲子，诏京兆尹、长安、万年令大索京畿富商，刑法严峻，长安令薛苹荷校乘车，于坊市搜索，人不胜鞭笞，乃至自缢。京师嚣然，如被盗贼。搜刮既毕，计其所得才八十万贯，少尹韦祯又取僦柜质库法拷索之，才及二百万。

这些党羽搜罗罪证，控告杜佑为了筹措军费而搜刮商贾钱财，导致京城商人人心惶惶，将士恐慌引发兵变。面对这样的控告，杜佑选择了沉默以对，毕竟“欲加之罪何患无辞”，既然卢杞这些奸臣想要惩处自己，什么理由都可能是理由，哪怕这件事情并不是他做的。

根据“罪状”，卢杞等奸臣“贬户部侍郎、判度支杜佑为苏州刺史（俄改转饶州刺史），以中书舍人赵赞为户部侍郎、判度支”。事实上，赵赞为了征集军费，还下令征收房屋税等，老百姓的生活更加艰难。

第十章

外　放

报政长川，拥节番禺

在临川有恺悌之化，莅南海有威怀之略。

——权德舆

公元782年5月，卢杞贬杜佑为苏州刺史。

相比于一心想害死政敌杨炎而将杨炎贬到蛮荒之地崖州，卢杞贬杜佑为苏州刺史已经算是莫大的“开恩”。事实上，苏州环境优美，经济发达，民众富庶，算起来是个美缺，虽说杜佑丢了中央级的官职，但到苏州当刺史，也不算太差。

不过，杜佑并没有“感恩”卢杞，相反他写了奏章请求免去苏州刺史的职位，请辞的理由很有意思：苏州有职缺，不是因为它空缺，而是因为前刺史丁母忧，现在我的母亲尚健在，不适合去上任。

这个理由看起来不像理由，但是在唐朝，这可是非常好的理由。王鸣盛对此解释道：“（杜佑）苏州忧阙似难以分晓。故新改云：前刺史母丧解。佑母在，辞不行。语似明了。考钱希白《南部新书》辛卷云：三铨之事，具庆之下，多避忧阙。除则皆不受。对易于他人。然则此乃唐人语，不宜改。”

面对杜佑的“冥顽不灵”，卢杞也没有给他好脸色看，他原本想打击报复杜佑，但是转念一想，杜佑这个人脾气虽大，“不识好歹”，但业务能力强，办事靠谱，比起曲意逢迎自己的人强得多，既然给你个肥缺你不去，那你就去饶州吧。于是，朝廷贬杜佑去饶州。

朝廷这么安排，也是经过深思熟虑的。其实，杜佑早已与江西结下了缘分。在大历十年至大历十四年之间，也就是杜佑调到中央担任京官前，他就在江西抚州担任刺史。而且，在担任抚州刺史之前，杜佑还在江南西道（使府治所地洪州）任江西青苗使①。

虽说，抚州远远比不上扬州，但是抚州自有特色。它属江南西道，与饶、洪等州一样，俱为江西大州，管临川、南城、邵武、宜黄、崇仁、永城、东兴、将乐等八县，州治临川。根据史书记载，安史之乱后，抚州户口24 767户，人口着实不少。

该地风光绮丽，山川秀美，是名胜之地，境内有铜山、盐池；此外，它还是一个人文胜地，郡南三里高坡就有“书圣”王羲之的故居，是文人墨客、官吏游玩之地，唐朝文人对此有极高的评价：“临川古为奥壤，号曰名区。翳野农桑，俯津闉阓，北接江湖之脉，贾货骈肩，南冲岭乔之支，豪华接袂”，其地“周巡六百里，林奇谷秀，则鹤岭、牛山无以加，水绕川环，则洞庭陂泽不足比。人繁土沃，桑耕有秋，学富文清，取舍无误，既状周道，兼贯鲁风，万户鱼鳞，实谓名郡”。

杜佑以报国为己任，兢兢业业，整顿吏治，发展经济，民众富足，安居乐业，史书如是记载：“由殿中侍御史转主客员外郎、工部郎中，再为抚州刺史，以御史中丞领容州刺史、经略使”，“其牧临川也，地参闽，人本轻

① 所谓的青苗使是在安史之乱后期设置的，当时朝廷为了解决国用财政问题专门设立青苗使。《新唐书·食货志》：“至大历元年，诏流民还者给复二年，田园尽则授以逃田。天下苗一亩，税钱十五，市轻货给百官手力课。以国用急，不及秋，方青苗即征之，号‘青苗钱’。又有‘地头钱’，每亩二十，通名为青苗钱”。

惰，化彼游手，敏于农功，坚旧防而时其蓄泄，当大旱而我有云雨。每岁征令归诸有司，克变输将之勤，不亏公上之入。因获赢利，悉稠困穷”。

在他的治理下，抚州经济发展较快，民众生活富足，财赋足，可谓颇有政绩，史书对此给予极高的评价：“在临川有恺悌之化”。

此次再度调任江西，已是杜佑第三次到江西为官了。跟抚州相比，饶州也是江西的大州，它地接长江，境内有鄱阳湖，山林矿产丰富，而且银和茶非常有名。但此地民风彪悍，“其民牟利斗力，狃于轻悍，故用暴虐闻”。

虽然被排挤出中央，但是杜佑并没有因此而堕落，而是一心扑在公务上，尤其是中央与藩镇割据之间的斗争上。唐德宗即位后励精图治，企图恢复大唐帝国的荣耀。这也意味着他必须收拾各地“诸侯”。当然，藩镇为了维护自己的利益，自然不肯放弃手中权力，于是兵变就是常有的事情。

公元781年正月，河北成德镇节度使李宝臣去世，其子要求继任，唐德宗拒绝。双方发生军事冲突，其他藩镇参加反政府军，中央政府调淮宁军节度使李希烈前去平叛，局势一度有利于中央政府。

但是，李希烈及其他藩镇各怀鬼胎，最后发动兵变，叛乱形势更加严峻。更让中央政府头疼的是，由于军需物资耗费太大，后勤补给极为困难，老百姓生活困难，京城商户因为税费问题发生骚乱。

旧叛未平，新叛又起。在中央政府焦头烂额之际，原本要调去平叛的泾原兵因为朝廷不重视而发生兵变，群抢皇宫内库，唐德宗出逃，叛军拥立原卢龙节度使朱泚为帝。大唐帝国岌岌可危。

在这关键时刻，杜佑调整运输补给路线，仅沿长江西进，经饶州、洪州、鄂州、襄阳，转趣武关北上，为唐德宗平定叛乱立下了大功。

主政广州

佑开大衢，疏析廛干，以息火灾。

——《新唐书·杜佑传》

转眼之间，又是两年。在这两年中，杜佑将饶州治理得“政通人和”，可谓是颇有政绩。由于政绩斐然，又在唐德宗处理兵变中立下大功，中央政府都看在眼里，准备提拔他，但是卢杞从中作梗。所幸的是，天理昭昭，此时发生的一件事情，让唐德宗看清了奸臣卢杞的真面目。

唐德宗被朱泚的叛军围困在奉天，形势危急。名将李怀光率部从魏县赶来救驾。但是，卢杞知道李怀光对自己乱政不满的消息后，竟然向唐德宗建议，军情紧急，皇帝没必要召见李怀光，而应让他前去作战。唐德宗本想赐宴犒赏将士，但听卢杞这么一说，真的命令李怀光率领兵众屯驻便桥，限定日期一同进发。赶了一路，没有任何奖赏，只知道催促，李怀光也心怀异志。消息传到唐德宗那里后，唐德宗恍然大悟，大骂卢杞。群臣一看卢杞不受唐德宗的信任，便群起而攻之，最终卢杞被贬到地方为官，最后死在他乡。

卢杞的倒台后，被卢杞打压的官员得以重新被起用、重用，其中杜佑也不例外。由于杜佑精于政务、立下大功，朝廷便决定提拔他，让卢惎接替了杜佑，担任饶州的主政官员，调杜佑到福建担任抚州刺史、福建观察史。然而，没过多久，朝廷又下达任命：调元琇入京为户部侍郎、判度支，杜佑前往广州接任广州刺史、岭南节度使，兼御史大夫。

此次任命是杜佑仕途的一大转变，他的地位再度提升，权力也扩大了不少，从以往一个州的行政长官升任为管理一个道的高级官员，是坐镇岭南、“拥节番禺”的封疆大吏。

唐朝前期，岭南道是监察大区建制，但是安史之乱爆发后，中央政府设立岭南节度使，全面掌管军政事务，标志着它升级为与诸节度使、观察使道一级的建制，即地方最高一级行政大区的建制。其管辖范围大致是，广、潮、韶、梧、崖等70余州、290余县，以及广、桂、容、邕、安南等5个经略使军事建制。不过，杜佑到任前有所调整，其中广、桂、容、邕、安南等5个经略使军事建制独立出去，不归岭南节度使统领。虽然如此，杜佑所掌管的地域也极大，人口较多，天宝末户口数为5.884万户，约20.55万人。

岭南虽处大唐帝国的边陲地带，是“蛮夷之地”，但是杜佑并没有抱怨，而是将其当作历练，毕竟“吃得苦中苦，方为人上人”。纵使天高皇帝远，杜佑也恪尽职守，自律修身，一心处理政务，在岭南1000多个日夜里，他可谓是尽心尽责，为岭南的发展做出了巨大的贡献。

首先，杜佑进行城市建设。相比于中原地区的城市建设与文明，广州虽是岭南政治经济中心，商业发达、人口繁多，但城市建设依旧与帝都有一定的差距。曾经在广州生活过的唐朝诗人刘言史这样说道：“南越逢初伏，东林度一朝。曲池煎畏景，高阁绝微飙。竹罩移先洒，蒲葵破复摇。地偏毛瘴近，山毒火威烧。裛汗絺（chī）如濯，亲床枕并烧。坠枝伤翠羽，萎叶惜红蕉。且困流金炽，难成独酌谣。望霖窥润础，思吹候生条。旅恨生乌浒，乡心系洛桥。谁怜在炎客，一夕壮容销。”

简单地说，由于岭南地形的限制，加上规划落后，致使几十万人的生存环境较为糟糕：

房屋紧挨在一起，更为重要的是，这些房屋大多是木材制作，极容易引发火灾；而街道又非常狭窄，人来人往，非常容易引发肢体碰触，加上边民脾气暴躁尚武，极易发生口角和械斗等。

稳定是发展的前提。杜佑非常清楚这一点，于是他参照中原的城市建设，兼顾当地地形，对城市进行规划建设，使得老百姓得以安居乐业，不至于因为火灾而损失惨重，也不至于因为街道狭窄而斗殴。《新唐书·杜佑传》说："佑开大衢，疏析廛干，以息火灾。"

解决了城市建设问题，杜佑接下来要做的重要事情便是因地制宜，发展商业，促进经济的发展。广州拥有较为悠久的贸易历史，一直是较为发达的贸易港口城市。到了唐代，东南亚、西亚等国的商船经常往来于广州，进行贸易。唐朝政府在这里设置了市舶使，进行商贸管理，收取税收，增加国家的财政收入。

可以说，广州是税收要地，但是该地商贸管理非常混乱，不仅市舶使行使管理权，就连驻军也因为有油水而横插一杠，结果是"远夷愁扰，吏困沓贪，商久阻绝"。杜佑到任后，发现了这个问题，便着手进行改革。

他针对官方、军方肆意搜刮商人的钱财等进行了严厉的处罚，整顿了市舶使，净化了社会风气，为商业发展提供了良好的社会环境。尤值一提的是，杜佑对广州驻军进行了整顿，当时唐朝在广州驻军的情况是："有府二：曰绥南、番禺。有经略军、屯门镇兵"；"有牛鼻镇兵。有赤岸、紫石二戍"，"岭南五府经略使，理南海郡，管兵万五千四百人，轻税当道自给。绥静夷獠，统经略军，南海郡城内，管兵五千四百人"。其中，二府、二戍，二镇兵驻守广州城外围、珠江口西岸（如今虎门附近的屯门镇兵），经略军则驻扎于广州城。

杜佑对那些不知道收手、越权扰乱市场、反复无常的将领进行严肃处理，使得这些不事生产的将士回归到其本来的职责上来。

经过杜佑大刀阔斧的改革，广州的经济有了飞跃式的发展，其继任者王锷“能计居人（民）之业而榷其利，所得与两税钱相挦，锷以两税钱上供时进及供奉外，余皆自入。西南大海中诸国舶至，则尽没其利，由是锷家财富于公藏”，善于钻营的王锷盘剥巨额财富，贿赂京城高官。

在杜佑进行维持社会稳定、发展当地经济的时候，一起叛乱发生了，给杜佑出了一道难题：文官出身的杜佑，是否依旧能够处理叛乱这种事情？

平定叛乱

“其镇南海也，服岭阻深，族类猜害……邕部绝徼，裔人自擅”，佑乃“诱掖招徕，以威以怀。朱崖黎民，保险三代，种落盘亘，数犯吏禁。公惠偏师，一举而平，旷俗率化，原人得职”。

——权德舆

有一天，就杜佑忙于军政大事而与众将官商讨军务的时候，哨兵火急火燎地进来汇报：海南岛的黎[①]人拉杆子起义了。

放到现在，国人都知道海南经济蒸蒸日上、环境优美，是旅游度假的胜地之一。但是，在中国两千多的封建王朝历史上，海南岛绝对是一个极为不起眼的边陲之地。许多朝廷官员犯了错，最担心的就是被贬到南蛮之地，如果是被贬到海南，那是非常严重的惩罚，比如唐宋八大家之一的苏轼，一听说被贬到海南，哭得一塌糊涂，认为自己将命丧蛮夷之地。

由于远离政治中心且自古以来都不太受统治者的重视，海南发展较慢，经济发展落后。海南岛主要生活着汉人和原住居民。对于原住居民，

① 黎族是因居住的地方称“黎”或“黎母山”而得名。如《太平寰宇记》卷一六九《儋州风俗》条“（儋州）”俗称山岭为黎，人居其间，号曰生黎。

历朝历代的称呼不尽相同，在西汉时，人们称之为“骆越”，东汉则叫“里”“蛮”，隋唐叫“俚”“僚”“黎”等，直到宋代“黎”才固定下来，一直使用到今天。

黎族多在山上从事“刀耕火种”的原始农业，手段较为原始，文明相对落后。按道理，这些民众安居乐业即可，为何要闹事呢？跟历朝历代的农民起义不太一样，他们并非是因为生存不下去而拉杆子，而是因为生活方式与朝廷官员设置的禁令不一致而聚众抗议，进而引发大规模的冲突斗争。

军情紧急，杜佑马上召集将领和文臣商议，最终定下来了策略：剿抚并用。杜佑一方面派人去海南岛传话，安抚原住居民，一方面则整军备战，率部出征。

在当时的情况下，杜佑所面临的是“蛮夷之地”的民众聚众闹事，他们占据了海南岛各个险要地形，可以说占据了天时地利，想要正面攻击，可能要付出较大的代价，而且未必能够成功。

不过，杜佑心里有数。相比于黎民，唐军有一个巨大的优势，那便是唐朝军队是正规军，训练有素，且武器装备精良，足以应对原住民。

黎民刚开始认为自己占有优势，但是在杜佑的安抚之下，军心已经散乱，经过交战，闹事的百姓很快就抵挡不住正规军的进攻，溃散而去。不过，杜佑并没有痛下杀手，而是采取了不追究的策略，使得叛乱得以平息，和平重新光临海南岛。

对此，权德舆这样记载：“其镇南海也，服岭阻深，族类猜害……邕部绝徼，裔人自擅”，杜佑乃“诱掖招徕，以威以怀。朱崖黎民，保险三代，种落盘亘，数犯吏禁。公惠偏师，一举而平，旷俗率化，原人得职”。

在此期间，杜佑还扩大了自己的军权。笔者在前文有记述，岭南道境内的桂州桂管经略使、容州容管经略使、邕州邕管经略使、安南都护府镇南经略使和广州岭南本名经略使等5个经略使管区，不在杜佑的管辖范围之内。

这意味着，虽然杜佑是一方主政高官，但是无法管理5个经略使。

对此，杜佑认为不利于自己的管理，便向朝廷提了意见。朝廷看到奏折后，慨然应允。杜佑得以对这5个经略使行使职权。

可以说，杜佑坐镇广州，“拥节番禺”，为岭南地区的稳定和发展做出了不小的贡献。

第十一章

淮　　南

长安任职

丙午，以岭南节度使杜佑为尚书右（左）丞。

——《旧唐书·德宗纪》

就在杜佑于广州干得有声有色的时候，朝廷又出现了变化，也改变了杜佑的仕途。

张延赏，我们前文提过，他曾经是杜佑的上司，也是唐代宗、唐德宗时期的名臣。他做官数十年，历任淮南节度使、荆南节度使、河南尹、剑南西川节度使，政治经验丰富，精干，善于处理各种政治事务。

公元785年，宰相刘从一①患病，无法处理政务，履行宰相的职责，于是唐德宗便物色官员担任宰相。在众多的优秀官员中，他看中了张延赏，征拜为中书侍郎。

不过，皇帝的任命并不一定有效，在藩镇割据的唐德宗时代，唐德宗所谓的君权还是要听从大臣的意见，比如在张延赏的任命上，有人就跳出来反对皇帝的任命。凤翔节度使李晟曾经和张延赏有过往来，两人在工作中发生

① 刘从一，唐代人，中书侍郎林甫之玄孙也；祖令植，礼部侍郎，官至宰相。

过矛盾，此次听说张延赏即将被任命为宰相，他跳出来，以各种冠冕堂皇的理由阻止张延赏当宰相。考虑到手握兵权，威震一方，自己的皇权需要他来拱卫，唐德宗便只能妥协，只任命张延赏为尚书左仆射（虚衔），张延赏没法真正当上宰相。

两年后，也就是787年，李晟进京朝觐唐德宗。唐德宗认为张延赏办事干练，可堪大任，还是想任命张延赏为宰相，好行使职权，便想借着李晟进京的机会缓和一下二人的关系，便让浙西观察使韩滉居中调解。

韩滉领命设宴，邀请二人，化解两人的恩怨。两人也不好驳了面子，尽欢而散。李晟上表推荐张延赏为同中书门下平章事，唐德宗立即下诏允准。不过，没多久，李晟想和张延赏联姻被拒，便认为张延赏是表面和解，背地里想剥夺自己的兵权，两人嫌隙再生。

唐德宗为了皇权稳固，也想剥夺李晟的兵权，便在张延赏的建议下，削去李晟兵权，改任太尉、中书令。然而，张延赏还痛打落水狗令人羞辱李晟，结果两人结怨日深。后来，为了收复河湟，张延赏建议朝廷任命大将出征，唐德宗允准。

不过，兵马未动，粮草先行。打仗打的可是经济战，没有足够的经济支撑，战争难以进行。对此，张延赏想到一个办法：从懒官懒政中省钱，具体做法是裁减冗员。不过，这可是件得罪人的事情，没有靠谱的骨干来帮忙，是难以完成的。张延赏想到了杜佑，于是便将杜佑调入京城，担任尚书左丞。《旧唐书·德宗纪》：“（贞元三年五月）丙午，以岭南节度使杜佑为尚书右（左）丞，（以李复为广州刺史）”。

但是，触动官僚集团利益的事情，往往费力不讨好。虽说张延赏等人早有心理准备，但是裁减1000多人的通告发布后，立刻引发了轩然大波。这些利益集团行动迅速，以各种理由攻击张延赏及其集团，甚嚣尘上，奏折如雪片般飞来，其效率与平时为官处事的懒散推卸完全不同。

面对汹汹而来的反对派官员，张延赏忧惧不已，他觉得力度太大，反弹太厉害，便决定保留一部分被裁减的官员，以期缓解乱糟糟的局面。但是，张延赏还未来得及处理，便因为患病而去世。又一位伯乐去世，杜佑自然是痛哭不已。接替者为李泌。李泌一上台，立即恢复所有被裁撤官员的官职，张延赏的改革失败了。

在这场改革中，杜佑没有做多少实际的事情，因为他抵达京城已经是5月份，而张延赏在7月份就去世。所以，他并没有发挥多少作用。

李泌当上宰相后，对张延赏任用的官员进行了调整，其中也包括了杜佑。在李泌看来，杜佑是张延赏的同党，且与自己的政见不合，不可留京重用。于是，朝廷先后下达调令，将善于管理物资运送的杜佑任命为陕州长史、陕虢观察使，负责处理京师百官的粮食供应。

虽说，杜佑在这两个地方担任的时间都是一年多，不算长，但是工作业绩非常突出，以至于权德舆这样评价道："其登左辖也，纪律修明，清万事之本；其理分陕也，惠绥浃洽，宏二南之化，必宿其业而修其方。崇庸大绩，其昭昭如是。"

淮南任职

壬申，以陕虢观察使杜佑检校礼部尚书，兼扬州长史、淮南节度使。

——《旧唐书·德宗纪》

贞元五年，也就是杜佑在陕西主政一年半左右的时候，朝廷下达了命令，调杜佑南下扬州，担任淮南节度使、观察使，“壬申，以陕虢观察使杜佑检校礼部尚书，兼扬州长史、淮南节度使”。当然，此次调任，倒不是朝廷有意打压杜佑而贬他到南方当官，相反这是朝廷重用他才让他担任此职。

事情是这样的：大唐帝国经过安史之乱、藩镇频繁叛乱的重创后，形成了新的局面——河北山东三镇节度使要么死于内乱，要么投降朝廷，而叛将朱泚、李怀光等则被诛杀，叛军只有淮西李希烈依旧割据一方，公开对抗中央。可由于国家财政入不敷出，唐德宗只好采取姑息的政策。镇压藩镇割据的行动至此告一段落。

但是，其他地区形势却不容乐观，唐军与吐蕃在陇右泾州一线发生激战，而南诏在松、隽、云贵等地也与唐军发生激战。边境的战火使得军费开支骤增，使财政问题雪上加霜，朝廷大臣一筹莫展。

纵观天下，唯一的好消息便是，淮南赋税较多，而且粮食运输补给路线重新为唐朝中央政府所控制，能够缓解一定的财政压力。

然而，体制不改革，漕运赋税依旧没有办法发挥出其最大的效用。唐朝官员深知这点，便进行改革，但是效果并不明显。贞元初年崔造等人的财政体制和行政体制改革，改变原来的旧制，可惜遭到大臣的反对，不了了之。后来，韩滉、李泌、张延赏，都按照自己的想法进行了改革，然而由于在任时间都很短，改革并未得到深化与巩固。

总的来说，改革派遭到了抵制，大多数官员认为应该维持现行诸使体制。对此，唐德宗又气又恨，明明旧制问题很多，没法发挥出该有的效能出来，却有那么多人支持，而自己任用的改革派，要么被政敌攻击下台，要不就是于任上去世，致使改革无果而终。

当然，唐德宗不愿意看到这样的情况出现，他觉得还是应该再试一试。但是，让谁去合适呢？对于徐州和淮南地区来说，年龄较大、经验丰富、德才兼备三者缺一不可，否则势必难以完成使命。

当时，徐州刚从叛军手里收回来，当地军心民心不稳，没有压得住的官员去担任主官恐怕无法处理复杂的局面。于是，唐德宗便和时任宰相李泌探讨长官人选问题。李泌认为徐州地理位置重要，而新任节度使太年轻，经验不够丰富，不堪重任，便推荐张建封出任徐州刺史、徐泗濠节度使。唐德宗同意。

但是，谁来担任淮南节度使？在杜佑出任淮南节度使之前，张延赏、陈少游和杜亚先后担任过淮南节度使。其中，张延赏我们在前文已经叙述过了，他在淮南当主官，对该地的漕运等做出了较大的贡献，而陈少游虽然坐镇淮南时间长，但是政绩一般。至于杜亚，此人在担任淮南节度使之前，历任尚书工、户、兵、吏四部员外郎、吏部、礼部郎中、中书舍人、江西都团练观察使、陕州观察使等职务。虽说他颇有文才，但是为人却志大才疏，好言寡功，天天饮酒作乐，过奢靡生活，政事则交给身边的人，不闻不问，没有什么建树。

思来想去之后，唐德宗只好在众多的官员里遴选人才，希冀一改淮南的乱局，挽救大唐帝国的财政，重新恢复大唐的荣耀。经过千挑万选，唐德宗任命户部侍郎窦觎前往扬州，担任扬州长史、淮南节度使。

李泌

此人来头不小，他是唐睿宗李旦昭成皇后窦氏族侄，出身高贵。长大后以门荫进入仕途，先后担任右卫率府兵曹参军、鄜坊节度判官、侍御史、坊州刺史等。唐德宗时期，藩镇割据严重，他率兵参加平定李怀光之乱，立有战功，以功加兼御史中丞，迁同州刺史，后来调入京城朝担任户部侍郎。可以说，窦觎也是个干吏，派他当淮南节度使，应该能够处理好淮南的局面。

不过，任命下达一个多月后，事情出现了变化。虽然朝廷慧眼识英才，但是窦觎此时身患重病，无法承担重任，朝廷只好改任杜佑前去接替杜亚。然而，在这期间，杜佑家也出了变故，杜佑的母亲去世。

杜佑的母亲，不是杜希望的原配，而应该是妾，她生了杜佑及弟弟杜供、杜巨卿3人。终其一生，自然也是在家相夫教子、辛勤劳作，过完自己的一生。按照守孝的规矩，杜佑必须回家守丧。正所谓“忠孝不能两全”，杜佑只能做出选择。对此，他没有丝毫犹豫，收到任命书后随即写奏折上表唐德宗，请求解除职务归家守孝。

母亲的恩情深似海，杜佑自然想按规矩为母守孝，可是，规矩是死的，人是活的，更何况君让臣死，臣不得不死。奏章上呈之后，唐德宗没有应允。在他看来，杜佑守孝事情重大，但不如大唐天下安稳之事重大，便下诏“夺情”，要求杜佑尽快赴任。

杜佑没有办法，只好赶赴淮南任职，而他这一去便是15年。

以农为本

又潴雷陂，以溉穑地，疏引新渠，汇于河流。皆省工费而宏利泽。
——权德舆《杜公淮南遗爱碑并序》

为了更好地了解杜佑在淮南的作为，我们有必要对节度使进行简单的介绍。

节度使是在唐睿宗时期设置的，主要是从中央往地方派高级官员主持军事，相当于现在的军区书记和司令。不过，经过安史之乱后，大唐帝国原有的行政体制受到了巨大的冲击，唐朝政府也进行了改革，节度使也不例外。在改革中，节度使制和诸道观察使制结合了，即节度使和观察使一样，是军政一体化的地方道一级最高长官，由于手握地方军政大权，有较大的话语权，在国家的行政体制中变得越来越重要。

官职越大，责任越大，对此杜佑非常清楚。既然朝廷“夺情”，且淮南节度使已经空缺2个月，淮南群龙无首，没人主持大局，事情紧急，杜佑只好赶紧走马上任，他于公元790年抵达扬州。

抵达时刚好赶上中和节。这个节日不一般，是唐德宗亲自设立的节日。经过数十年的战乱，为了粉饰太平，彰显唐德宗治国理政的能力与政绩，展现出国富民安的风貌，唐德宗下令每年二月初一为中和节，在这一天，官吏休假一天，村社要摆酒宴，全国上下都要搞迎春、祈年丰的活动。既然是唐德宗设置的节日且有利可图，地方要员自然积极、上心、努力花钱操办，于是就有人造的盛世繁华、欣欣向荣的景象。比如第一次中和节，淮南就搞得有声有色：

> 于时上元甲子之六岁，地平天成，河清海晏，君臣高会，由内及外。粤我主公、牧扬州、领东诸侯，既承湛露之泽，且修式燕之礼，乃邀中贵人及我上介部从事、列将群吏，大官重客，峨星弁，执象笏，脱剑曳绶，列于宾席者百有余人。火旗在门，雷鼓在庭，合乐既成，大庖既盈，左右无声，旨酒斯行，乃陈献酬之事，乃酣无算之饮。于是群戏坌入，丝竹杂还，球蹈盘舞，幢悬索走之捷，飞丸拔距，扛鼎逾刃之奇，迭作于庭内，急管参差，长袖阿娜之美，阳春白雪，流徵清角之妙，更奏于堂上。风和景迟，既醉集作乐且仪。自朝及暮，惟节有度，君子谓福禄之所浃在是命矣。既醉，小子则起而言曰，大君有命，令节兹始，我公宴喜，于以受祉，歌以发德，诗以颂美，于胥乐兮胡可废已。公曰善，乃俾坐座客，偕以六韵，成章授简为序。上以志王泽所及，次以纪方镇之欢。

对于这种表面上的盛世活动，杜佑自然是看不上的。不过，这种活动也刚好给他与淮南各地官员沟通交流的好机会。杜佑利用这次机会与自己的部属见面。

曲尽人欢散，短暂的活动结束后，杜佑的生活又回归正轨，他必须拿出方案来，收拾淮南乱局。

他将重点放在了农业上。之所以这么做，有两方面原因：一是淮南地区的经济发达，且朝廷希望加强淮南地区在朝廷财政和京师经济的供给份额。

而要想源源不断地为京师提供充足的赋税补给，杜佑必须促进当地经济的发展。二是经过安史之乱和藩镇割据叛乱数十年的破坏，淮南地区经济遭到重创，许多荒地无人开垦，灌溉工程遭到严重破坏，而老百姓又没有钱修筑。要想发展经济，必须解决老百姓的吃饭问题。

对此，杜佑走访各地，召集手下的官员商量对策，最终做了两件大事：治理雷陂，以广灌溉；治理沿海滩涂，变弃地为良田。

首先是治理雷陂，以广灌溉。雷陂在汉代已形成，它是极为重要的人工湖渠系统。在周边百姓耕种中发挥了巨大作用。不过，由于年久失修，其灌溉功能受到影响，覆盖面积变小。为此，杜佑组织人员对雷陂进行扩修，主要做了两方面的工作：一是组织人员开湖疏渠，引进活水，扩大其蓄水量；二是组织人手挖新渠，将它与湖水连接起来，扩大灌溉面积。结果，雷陂重新焕发生机，在灌溉方面继续发挥作用。对此，《杜公淮南遗爱碑并序》这样写道："又潴雷陂，以溉穑地，酾引新渠，汇于河流。皆省工费而宏利泽。"

其次，治理沿海滩涂，变弃地为良田。保证雷陂的灌溉功能之后，杜佑又想办法"开源"，具体的做法就是扩大农田。当时，淮南沿海地区，沿长江入海口一带的滩涂荡地不断增加。杜佑认为这是不可多得的良田，于是就出台政策，从税收等方面进行减免，鼓励民众去开垦，扩大了农田，发展了当地的农业经济。

经过杜佑这一系列做法，淮南地区的农业经济大有改观。他那种刚来时淮南"人有菜色"的情况大为好转，"沛然嘉生，成于指顾，得以蕃殖"。

整顿吏治，广罗人才

凡推毂之士，由幕廷而奋迅者近于百辈，将相之职、左右曹台以至列藩二千石，不可胜书。

——权德舆

解决民众的衣食问题，杜佑将重心放在吏治整顿上。经历了安史之乱的重创，外加数十年的藩镇叛乱，再加上日趋庞大的官僚队伍，整个官场风气每况愈下，办事效率低下，官员的整体素质严重下降，卖官鬻爵，无能的官二代群出，鱼肉百姓，无恶不作。杜佑想要有所作为，他必须整顿吏治，净化政治生态。

跟在京为官不同，杜佑到了地方，是一方主政大员，拥有较大的权力，不像在京城要受到皇室宗亲以及大臣的重重阻挠，造成整顿吏治的失败。他作为封疆大吏，手握淮南地区的军政大权，足以推行整顿吏治。

他对辖区内的官员进行考察，然后根据官员的能力大小进行提拔、留任、裁汰处理，精简干部，同时他还知人善任，广发“英雄帖”，征辟德才兼备的人才充当幕僚，改变官场风气。

根据史书记载，我们可以很轻松地列出一大列人员，窦常、权德舆、段平仲、刘禹锡、符载、刘伯刍、杜兼、崔羣、崔膺、张士陵、穆赏、王鄂、罗饷、张万福等人都在杜佑麾下工作过。在杜佑的提拔下，他们的仕途顺利，大多成为大唐帝国的精干官员，为官一方，多有建树。

其中大名鼎鼎的唐朝诗人刘禹锡就曾是杜佑的幕僚，由于前文有所叙述，我们不再赘述。再比如，与其兄弟窦牟、窦群、窦庠和窦巩并称“五窦”的窦常也是较为有名的一位。他是陕西人，天资聪慧，敏而好学，登进士第。但是，考取功名之后，他并没有留恋官场，而是隐居起来，著书立说20年，离群索居。由于名气甚大，杜佑自然有所耳闻，便请他做自己幕僚。窦常认为杜佑为人正派，不慕虚名，便慨然从之。此后，他在仕途上一路前行，“元和间为湖南判官，入为侍御史，转水部员外郎，出刺朗州、固陵、寻阳、临川四郡，入为国子祭酒致仕”。

在淮南15年的时间里，杜佑不忘寻找能人志士，选贤任人，知人善任，提拔人才“近百辈”：“凡推毂之士，由（佑）幕廷而奋迅者近于百辈，将相之职、左右曹台以至列藩二千石，不可胜书”。

杜佑手下“精兵强将”如云，在推行自己的理政方略方面，自然是较为顺利。在杜佑的带领下，整个官僚系统呈现出不一样的新气象：官员各司其职，各抒己见，廉洁自律，工作效率大为提升，人尽其才，物尽其用。

在杜佑的治理下，淮南风气大为改观，境内社会治安良好，政清人和，老百姓安居乐业，道路畅通，商业发达，经济快速发展，呈现出与之前“民有菜色”截然不同的风貌。这也为后来的唐宪宗征讨淮西、河朔提供强有力的后勤保障，为元和中兴做出了巨大的贡献。

虽说杜佑广招人才，量才为用，但是他本性宽厚，结果出现了下属争权的情况，史书就记载这么一件事情：杜佑对幕僚的管理较为宽松，手下的幕僚常常顺着自己的脾气来办事，时间一久，便觉得杜佑没什么威信，开始争权，不听号令。比如南宫樽、李亚、郑元均为了权力争得头破血流，搞得气氛十分紧张，更重要的是，为了争权，他们连公事也都放在一边。杜佑对此无可奈何，只能好言好语相劝，但毫无效果。结果，这事情捅到皇帝那里，皇帝一看，勃然大怒，区区小官，还敢搞得淮南节度使难堪，便下诏将这几个人“并窜于岭外”。

总的来说，杜佑在淮南的政声较好，史书对其有较高的评价：“惟公镇定一方，心平德和。言仁必及人，言智必及事。生聚教训，勤身急病，视阖境如帐之内，抚编人有父母之爱。因其习俗而均安之，识其惨舒而导利之。”

胸怀天下

> 佑素重藩，怀诏旬日不忍发，因引藩论释氏曰：因报之事，信之有否？藩曰：信然。曰：审如此，君宜遇事无怨。因出诏。藩览之，无动色，曰：某与兼，信为报也。佑曰：慎无出口。吾已密论，持百口保君矣。
>
> ——《旧唐书》

担任淮南节度使期间，杜佑虽说不是日理万机，但是作为一方军政长官，政务、军务繁多，自是毋庸置疑的。不过，尽管工作非常繁重，但是杜佑并没有只盯着淮南，他在管理好自己的一亩三分地的同时，还将目光放到中央，乃至全国。

杜佑为人，仗义执言，挺身而出，在任职期间，以全家性命为李藩作保，恳请唐德宗刀下留人，留下了一段佳话。

李藩，何许人也？此人是湖南观察使李承之子，是官二代。但是，他身上没有不少官二代有的臭毛病，而是为人正直，勤于学习，不慕虚名，一心只读圣贤书；长大之后，也不愿意当官，而是闭门读书；由于没有多少资财，加上家大口阔，日子自然就越过越艰难。看着李藩不去为官挣钱，其妻子儿女都心生怨言，责怪他。但是，李藩却一笑置之，泰然自若。

直到40多岁，李藩才开始步入仕途。由于名望甚大，杜亚征他为从事，李藩应允。当时，洛阳发生了盗窃案件，有人诬告牙将令狐运，杜亚竟然采用屈打成招的办法将其定罪。其间，李藩苦苦劝说杜亚，说令狐运是被冤枉的，但杜亚死活不相信。于是，李藩便辞职离开。

后来，有很多官员都发来邀请函，希望李藩做其幕僚，但是李藩一一拒绝。后来，他到徐州张建封那里担任从事。也就是因为这一次出任从事，才使李藩惹来了杀身之祸。史书记载：

> 建封死，兼悔所志不就，怨藩甚。既归扬州，兼因诬奏藩建封死时动摇军中。德宗大怒，密诏杜佑杀之。佑素重藩，怀诏旬日不忍发，因引藩论释氏曰：因报之事，信之有否？藩曰：信然。曰：审如此，君宜遇事无怨。因出诏。藩览之，无动色，曰：某与兼，信为报也。佑曰：慎无出口。吾已密论，持百口保君矣。德宗得佑解，怒不释，亟追藩赴阙。及召见，望其仪形，曰：此岂作恶事人耶！乃释然，除秘书郎。

公元800年，张建封病重，濠州刺史杜兼早就对徐濠泗节度使垂涎三尺，便毛遂自荐，想要接替张建封任节度使，但是被李藩斥退。对此，杜兼心生怨恨。张建封去世后，徐州军队哗然并引发了兵变。朝廷调遣大军进行镇压。平息叛乱后，杜兼借机公报私仇，诬陷李藩在兵变过程中扮演着重要的角色。

奏折到达唐德宗那里，唐德宗看后龙颜大怒，令人给杜佑传递密诏：诛杀李藩。李藩的才华和名望是举世皆知的，而且李藩又是杜佑的手下，其能力、品行如何，杜佑了然于胸。接到密诏之后，他知道肯定是李藩的仗义执言得罪了某人才招来诬陷。可是，上命难违，他该怎么做呢？思来想去后，他扣留密诏10日，然后找来李藩，询问事情。见李藩坦然应对，杜佑便说：

“你不要出去说，我已经以全家性命保你。”

唐德宗收到杜佑的奏折后，怒气未消，他认为杜佑包庇自己的下属，便要求李藩前去首都觐见。李藩便赶往京城觐见唐德宗，唐德宗看到李藩仪表不俗，便说：“这样的人，怎么可能干那种勾当。”于是，圣心大悦，任命李藩为秘书郎。后来，李藩官居宰相之位。

此外，杜佑还救了唐朝著名学者马总。马总“敦儒学，长于政术”，是唐朝著名的学者。他所著《通历》等书百余卷行于世，有不菲的价值。跟许多文人一样，他也踏入仕途，为官一方，先后担任安南都护、本管经略使、淮西节度使、郓州天平军节度使、户部尚书等职位。但是，宦海浮沉是常事，他因为遭受诬陷，被贬为泉州别驾。不过，政敌并不想就这样放过他，而是让福建观察使柳冕坐实马总的罪责。他们对马总严刑拷打，企图屈打成招。在审讯中，官员薛戎发现马总是无辜的，便不肯继续加害，结果遭到福建观察使柳冕的迫害。杜佑知道消息后，便给皇帝上了奏折，陈述事实，保住了薛戎，救了马总。

此外，杜佑还关心国家大局，为国家大事献计献策，比如他就西戎问题上了《为淮南杜相公论西戎表》（刘禹锡代写），为朝廷解决边境大事提了不少的好建议。

第十二章 辅政

入朝为相

> 右高品某乙至，奉宣圣旨，赐臣食者。出自大官，饱于私第。光荣曲被，猥承推食之恩；驽蹇未施，益重素餐之责。举其匕筯，若负邱山。无任战荷，踊跃之至。
>
> ——刘禹锡《代杜相公谢就宅赐食状》

从青丝到白发，杜佑始终在为大唐帝国奉献着。然而，中国有句老话叫，落叶归根。已经在淮南干了15年的杜佑，眼看着就要到古稀之年，归乡之情极为迫切，便屡次打报告，请求回到京城长安，与家人相聚，享受天伦之乐。

然而，官场不由己，杜佑的报告屡屡石沉大海。为何杜佑屡次打报告请求退休，朝廷屡次不应允呢？唐朝退休制度究竟如何？为了便于读者了解这点，以及杜佑接近退休年龄反而又当了丞相，而一当就是十年，远远超出了唐朝退休制度规定的年龄，我们有必要对唐朝退休制度进行简单介绍。

中国人民大学国学院教授孟宪实在《唐朝的退休制度》说道：

> 唐朝的政府官员，通常都有退休（致仕）的保障。官员致仕，根据

等级不同，规定有所不同。

皇帝身边的五品官，地方上的四品官，到了退休的年龄，所谓“悬车”之年，要自己打报告给皇帝，获得皇帝批准才能办理致仕手续。比如唐高宗时的张行成，是尚书右仆射，加授太子少傅。因为天旱，他认为自己有责任，于是上表请求致仕，唐高宗亲手书写诏书，不允许，反而赏赐宫女、黄金、器物，等等。但是，六品以下官员的致仕，到年龄便退，没有回旋的余地。吏部每年都会向皇帝报告，今年有多少官员致仕，报告后面附有一个长长的名单，通常照章办事即可。以制度应对多数，这是基本方略。

有的大臣致仕，会获得皇帝的支持。唐太宗时期，尚书右仆射“战神”李靖以足疾为由上表请求退休，唐太宗表示支持，把李靖树成知进退的楷模，赏赐绢帛千段、御马两匹，所有待遇不变，还特意派人到李靖府上表达皇帝的关怀。可见，致仕制度在唐朝，对于中下级官员，多按照制度执行，而对于高官并不采取一刀切。对退休官员的优待突破了制度的限制，由皇帝给予特别恩赏。另一种优待的办法是退休前提职，以更高级别的官职致仕，这样相应的待遇也得到了提高。

致仕有时也是朝廷处理大臣的一个手段。开元十五年，御史大夫崔隐甫、中丞宇文融与尚书左丞张说矛盾不休，各自组织朋党展开斗争。结果崔隐甫免官，宇文融贬官，而张说致仕。甚至有的官员虽然已经致仕，但是还可能受到追究。

由于朝廷需要，致仕官员更有起复的现象。苗晋卿在天宝末年以刑部尚书身份致仕。至德二年，肃宗拜他为宰相，统领国务。安史之乱平定后，苗晋卿以太子太傅身份再次致仕。第二年，皇帝又重新任命他为侍中。代宗时，他最终以太保身份致仕。苗晋卿一生竟然三次致仕，是个特例。

唐朝官员的物质待遇主要是俸禄。俸是俸钱，禄是禄米。根据中央、地方和官品发放这些钱米。禄米，按年计算，每年春、秋各发一次。

致仕官员享受半禄，即一半禄米，同时给一定数量的赐物。致仕官员如果住在地方，禄米等由中央出牒，所在地支付。唐德宗时期，致仕官员待遇提高，增加了料钱（唐宋旧制，官吏除俸禄外，有时另给食料，或折钱发给，称料钱）的半额。如果遇到举国同庆的时候，皇帝往往给官员普遍增加待遇，致仕官也在其列。唐玄宗、肃宗包括以后的皇帝，给予现任官提高待遇的一种途径是给现任官父祖授官，让他们享受致仕官员待遇。到唐后期，代宗、德宗、宪宗等时代的大赦文，常常有这样的内容。

致仕官也会出席朝廷的一些仪式性活动，唐朝明文规定，致仕官要回到原曹司，位在现任官之前。也许，这是致仕官们更重视的规制。

致仕官就是现任官的未来，这是官场生态重要的一环。老有所养是人们的合理期待，维护社会的稳定，相应的养老体系更是必备的。唐朝官员致仕之后的待遇，属于社会保障的一部分，致仕官享受俸禄全额不是制度，仅仅是皇帝特许的个别政策。

公元803年，已是69岁的杜佑继续打报告请求回京，最终得到唐德宗的许可，返回都长安。不过，出乎意料的是，唐德宗不是允许他退休，而是任命他为检校司空、同中书门下平章事，即任命杜佑为宰相，辅助自己统治大唐帝国。

原本认为仕途止步于地方节度使的杜佑，非常诧异，心存感激。虽说杜佑已经接近退休年龄（70岁），但是他身体依旧健康，精神矍铄，足以应付各种行政事务。这点从杜佑担任10年宰相就可以知道。

当然，唐德宗并非昏庸到随便任命一个“即将退休的官员”担任宰相。事实上，经历了几十年的兵荒马乱，品尝过被叛军包围过着朝不保夕的生活，唐德宗早已是阅人无数、经历生死的君王。

眼看着自己一天天老去，而身边的精干大臣越来越少，他就紧皱眉头，夜不能寐。毕竟大唐帝国不能乱在他的手里，他必须让接班人平稳度过接班危机。为此，他在百官中苦苦寻找，最终认为杜佑性格敦厚，办事能力强，在官场上也是左右逢源，人缘口碑极佳，可堪大任。所以，唐德宗才任命即将致仕的杜佑为一人之下万人之上的宰相。

考虑到杜佑年纪较大，淮南距离京城又遥远，唐德宗还特别严令沿途官员，必须提供细微周到的服务，包括饮食、乘车等，保证杜佑顺利回京；回京之后，唐德宗还令人重赏杜佑，赐予酒食。大唐帝国的一把手对自己这般细致入微的嘘寒问暖，杜佑自然是十分感激，他忙命刘禹锡代写《自淮南追入长安至长乐驿谢赐酒食状》和《谢就宅赐食状》等两篇文章呈递给唐德宗，以示感谢。他在《谢就宅赐食状》说道：

> 右高品某乙至，奉宣圣旨，赐臣食者。出自大官，饱于私第。光荣曲被，猥承推食之恩；驽蹇未施，益重素餐之责。举其匕筯，若负邱山。无任战荷，踊跃之至。

从此，历经战乱、有50年为官经验的杜佑，开始正式进入大唐帝国的核心决策层，开启新的人生历程。

权力斗争

上性猜忌，不委任臣下，官无大小，必自选而用之，宰相进拟，少所称可。及群臣一有谴责，往往终身不复收用。好以辩给取人，不得敦实之士。

——司马光《资治通鉴》

虽然已经接近古稀之年，但杜佑对于重整朝纲、实施改革，补偏救弊，依旧充满信心，他相信凭借自己的能力与经验，依旧可以大有作为。于是，他整理思绪，提笔写了《理道要诀》十卷三十三篇，上呈唐德宗。他向唐德宗讲述了自己的施政大纲，即以经济为重点，优先施展，然后涉及制度建设、科举考试等问题。

唐德宗对杜佑的施政纲领自然是朱批允准。杜佑随之进行大刀阔斧的改革。然而，大唐帝国存在的问题很多，各派明争暗斗，相关利益盘根错节，改革极为困难。

唐德宗时期的三股势力争权夺利。第一股势力是宦官集团。由于唐德宗信任重用宦官，以至于宦官干政，甚至参与权力斗争。比如，宦官孙荣义和杨志廉得到唐德宗的重用，掌管右神策军，拥有兵权，造成“皆骄纵招权，依附者众，宦官之势益盛”。宦官干政并威胁朝政大事，是唐朝的大患。

王叔文

第二股势力是东宫的太子派系。当时的太子侍读王叔文、王伾等人联合朝廷官员如韦执谊、刘禹锡、柳宗元等谋划大局，“为太子言民间疾苦”，拉帮结派，排除异己，加剧了朝廷的动荡。比如王叔文怀疑刘伯刍说自己的坏话，与自己政见不合，便找了个借口，将刘伯刍送到千里之外去当官。

第三股势力则是，既不被唐德宗信任又不被东宫重用的朝廷官员。这些官员没有强大的靠山，力量相对分散，无法形成稳定的、实力强大的集团，在与宦官集团、东宫集团斗争中，处于被动挨打的地位。而且，由于不被唐德宗重用与信任，这些官员朝不保夕，屡次被迁调外用，“十年无赦”，导致这股势力遭到毁灭性的打击，新老交替就成了大问题。

杜佑虽然是宰相，但是处于权力旋涡中心，想要不被牵涉其中是绝无可能的。可以说，杜佑的处境非常艰难，有个例子可以说明杜佑的这种处境。

有一年的中和节，年轻的改革派组织了节日聚会，杜佑被邀请参与其中。这些年轻人，青春年少，吟诗作赋，出口成章。按照节日的惯例，是要和诗为贺。在座者唯独杜佑官职最高、声望最大，大家便推他出联句。但是，了解杜佑的人都知道，杜佑不善写诗，所以他并没有唱和。如此一来，就得罪了众人。其实，在当时他原本可以不必参会“自取其辱”，但考虑到要平衡各个派系，他只好豁出去和稀泥。

在往后的一年多里，杜佑使出浑身解数，处理各种政务，尽量平衡各派的利益，最终使得白热化的斗争与地方叛变平息下去，全国出现了表面和谐的局面。

然而，不幸的是，唐德宗于公元805年去世。唐德宗李适是唐代宗的长子。他在权力斗争中胜出，于21岁时当上太子之位。公元779年，从其父亲手中接过掌管大唐帝国的生杀大权。

不过，大唐帝国早已不是贞观之治、开元盛世时候的光景了，此时摆在唐德宗面前的是一个烂摊子。唐德宗能不能超越其父亲，就看他能不能重拾旧河山，恢复大唐荣耀了。当然，年富力强的唐德宗自然希望再造辉煌，于是在内政外交上花了不少工夫：经济上，采取了两税法；政治上，整顿吏治、改革行政体制；加强皇权。

经过唐德宗的励精图治，大唐帝国衰败的状况有所改变。但是，唐德宗本身性格善猜忌，又喜欢任用宦官、谄媚的官员，如委派和依靠宦官去监控禁卫军、地方军、节度使，导致无法物尽其用，人尽其才，并为下一代接班人留下了祸患。

综观唐德宗的一生，《通鉴》给出了较为客观的评价："上性猜忌，不委任臣下，官无大小，必自选而用之，宰相进拟，少所称可。及群臣一有谴责，往往终身不复收用。好以辩给取人，不得敦实之士。艰于进用，群材滞淹；上自陆贽贬官，尤不任宰相。自御史、刺史、县令以上皆自选用，中书行文书而已。然深居禁中，所取信者裴延龄、李齐运，户部郎中王绍、司农卿李实、翰林学士韦执谊及（韦）渠牟，皆权倾宰相，趋附盈门。绍谨密无损益，实狡险掊克，执谊以文章与上唱和，年二十余，自右拾遗召入翰林，渠牟形神跳躁，尤为上所亲狎。上每对执政，漏不过三刻，渠牟奏事，率至六刻。语笑款狎往往闻外。所荐引咸不次迁擢，率皆庸鄙之士。"

唐德宗去世后，政局开始出现动荡，摆在宰相杜佑面前的便是，如何让政权平稳过渡。

碰上永贞革新

革德宗末年之乱政，以快人心，清国纪，亦云善矣。

——王夫之《读通鉴论》

公元805年正月，唐德宗在欢庆声绕耳中撒手人寰，离开这个充满是非的世界。临终前，唐德宗早早地安排后事，他提前给太子留下了重臣杜佑，并让他给摄冢宰，作为操办葬礼的首要人选，同时还下令封杜佑为册使，主持太子的登基仪式。

自古以来，老皇帝驾崩新皇帝登基往往会造成朝局动荡不安。历史上，因为朝局动荡而造成国运出现变数的数不胜数，比如大秦帝国开创者秦始皇，他于公元前210年去世后就导致皇子之间争权，进而造成政治斗争，以及地方爆发大规模的农民起义，最终使大秦帝国在短短几年间灰飞烟灭。

唐德宗去世前，其儿子们就对皇位虎视眈眈，争权夺利。现在唐德宗去世，太子李诵即位，这种斗争就更加白热化。李诵是唐德宗众多儿子中的一个，身体一向不太好，但是他有个先天的优势，即唐德宗的长子，按照嫡长子继承制，他于29岁的时候终于如愿地住进东宫，成为储君。

熬了25年，终于在公元805年登基，是为唐顺宗。不过，此时的他早就因为中风行动不便，无法说话，致使驾驭群臣、掌控生杀大权之事受到影响，其执政能力受到了前朝老臣、宦官的严重挑战，出现了历史上赫赫有名的事件：永贞革新事件。

从本质上说，永贞革新是权力之争。它是唐顺宗的亲信力求革新而与唐德宗时期的老臣、宦官进行一场权力争夺战。其实，双方的政治理想相差无几，都是力图在弊政、发展经济、稳定社会秩序、抑制藩镇、提高中央对地方的权威等重大问题上进行改革。但是，他们之间的分歧在于，究竟由谁来掌权，来进行这些革新，也就由谁掌控权力。

唐顺宗身居太子之位时，身边有许多心腹，如王叔文、侍书王伾等，这些人虽然年轻、官职不高，从政经验少，但是有着革故鼎新的大志向，且深受李诵的信任。由于身体向来不好，唐顺宗与朝廷大臣没有太多的联系，不了解全国各地大臣的理政情况，因此他在即位后，重用这些心腹来理政。

公元805年正月至二月，也就是唐德宗去世不久，唐顺宗立即开始调整人事布局，安排自己的心腹到重要的岗位上，比如任命韦执谊为尚书左丞同中书门下平章事，打进宰相圈子里，任命王叔文为起居舍人兼翰林学士，任命王伾为散骑常侍兼翰林学士，让他们参政议政；任命刘禹锡为屯田员外郎判度支盐铁案，任命柳宗元为礼部员外郎，任命韩泰为户部郎中，任命陈谏为仓部郎中，任命韩晔为司封员外郎，任命凌准为翰林学士……

唐顺宗

随着唐顺宗的任命越来越多，唐德宗时期的老臣一个个被架空，从重要岗位转而担任不重要的岗位，有的大臣虽然依旧在职，却四处受到唐顺宗心腹的掣肘。当然，由于中下级官员组成的新班子，确实很有魄力，他们在短短的时间内就推出了各种改革措施，使大唐帝国有了新气象，比如：减免京城地区百姓当年的赋税；拿下横征暴敛的京兆尹李实，将他贬为通州刺史；取消“宫市”“月进”“羡余”等；召回被唐德宗贬谪的陆贽、郑余庆、阳城等正直官员。杜佑因为是唐德宗留给唐顺宗的老臣，也得到了唐顺宗及其心腹的重用，得以分管财政盐铁等部门。除此之外，唐顺宗的执政团队还在谋划派韩泰等人去接管京师禁卫部队神策军，准备夺取宦官的兵权。

可以说，这些年轻的官员确实有大刀阔斧改革的勇气与决心，但是由于他们资历浅，又没有丰富的从政经验，与老臣和地方大员之间的关系紧张，导致了隔阂、矛盾重重，最终，造成了这个团队陷于孤立无援的境地。而确立太子事宜和兵权方面的斗争，直接将矛盾激化。

唐顺宗身患重病，平常上朝也就是过过场，君臣之间无法进行很好的沟通。出于对大唐帝国基业稳定的考虑以及权力的渴望，朝臣分成两派：一派以反对唐顺宗的执政团队的官员组成，要求唐顺宗早立太子；一派以唐顺宗的执政团队为首，坚决反对早立太子。前者考虑的是，通过立太子，形成新的权力中心来抵制唐顺宗的官僚集团；后者担心的是，出现新的权力中心，将会使权力斗争激化。

双方吵得不可开交，唐顺宗也是犹豫再三，未下决心。不过，这个时候，不满王叔文等人专权的宦官俱文珍联合唐德宗时期的老臣，给唐顺宗上奏折，要求唐顺宗早立太子。唐顺宗看完奏折后，下诏立长子李纯为太子。

李纯当上太子后，不利于王叔文等人的情况出现了。官员们开始站队，就连地方官员也参与到政治斗争中来。剑南西川节度使韦皋，坐镇西南20多年，一直想要扩大权力，请求王叔文将剑南三川纳入自己的管辖范围。由于遭到了王叔文的拒绝，他便转而支持太子。他上书朝廷，要求唐顺宗禅让，并诬陷王叔文等人是奸臣，请唐德宗重罚这些小人。

局势对新班子越来越不利，但是唐顺宗并没有罢免王叔文等人，而是采取支持的态度。这样一来，改革依旧在艰难地进行之中。不过，致命的打击很快就到了，新班子在争夺禁卫军兵权上失败了。

宦官担任神策军使、控制禁卫军一直是弊政，王叔文等人早就想除之而后快。经过一番策划，王叔文等人展开了行动。5月初，唐顺宗任命名将范希朝为神策军京西诸镇行营节度使，韩泰为行军司马，前往奉天军营，接管兵权。但是，宦官集团掌管禁卫军时间很长，将官遍布军中，早已形成利益集团，根本不听皇帝命令，更何况是大臣。他们拒绝交出兵权，造成王叔文夺取禁卫军之战以失败告终。

自古以来，军权是政权稳定的强大后盾。现在，夺权失败，王叔文心灰意冷，以母丧为由辞职回家。新班子群龙无首，出现了混乱，形势急转直下，没多久王伾就因病告退，而陈谏则被政敌外贬，新班子“分崩离析”。

唐顺宗在无人可用的情况下，只好下诏任命政敌杜黄裳、袁滋为宰相，让太子监国。然而，由于病重加上自己的执政团队已经名存实亡，唐顺宗最后听取大臣的“建议”，让出皇位，当起了太上皇。

太子继位之后，对唐顺宗的心腹大臣进行打击报复，贬杀二王、一贬再贬韦执谊及刘禹锡、柳宗元等永贞革新主要人物为边州司马，这就是历史上有名的“二王八司马事件”。至此，轰轰烈烈的永贞改革彻底结束。

作为两朝老臣，杜佑的命运究竟如何，这就要看唐宪宗的了。

辅佐宪宗

以检校司空、平章事杜佑为司徒，所司备礼册拜，平章事如故。

——《旧唐书》

李纯，跟唐顺宗一样，都是长子，拥有先天的优势，得以在太子之位角逐中胜出，并于公元805年八月即位，是为唐宪宗。根据史料，我们可以很清楚地看到，唐宪宗即位后励精图治，大有作为，开创了“元和中兴”的局面，是晚唐时期最有作为的皇帝。

当然，元和中兴短暂的盛世有杜佑很大的功劳。首先，杜佑在支持太子方面表现较为积极，跟王叔文等人相比，杜佑着眼于国家大局，支持唐顺宗立太子，支持了李纯，使得后来唐顺宗去世时不至于出现皇子夺权的血腥场面。其次，在动荡不安的局势下，杜佑顾全大局，平衡各派势力，使得朝政平稳过渡。这主要表现在他对待永贞革新的改革上。

在王叔文集团大刀阔斧改革之际，杜佑总领度支财政，他采取的是韬光养晦的态度，既不表现出反对改革的态度，也不和其他反对派官员站在一起，声讨王叔文集团。

《顺宗实录》：“诏曰检校司空平章事杜佑可检校司徒平章事、充度支并盐铁使……初，叔文既专内外之政，与其党谋曰：判度支则国赋在手。可以厚结诸用事人，取兵士心，以固其权。骤使重职，人心不服。籍杜佑雅有会计之名，位重而务自全，易可制，故先令佑主其名，而除之（王叔文）为副以专之。”

为了增强自身集团的实力，王叔文决定拉拢杜佑，他们针对唐顺宗要立太子之事，欢天喜地地来到杜佑的府中，滔滔不绝地阐述立太子的弊端，极力请杜佑站到他们这一边。虽然王叔文集团权势滔天，而且王叔文亲自来邀请自己入伙，但是杜佑并没有脑子一热就加入王叔文集团，而是采取沉默以对。

一看杜佑这么“不识好歹”，王叔文暴跳如雷，既然不能为自己所用，那么只能想办法将杜佑赶出核心决策层。于是，针对杜佑，王叔文集团开始了紧锣密鼓的策划。

对此，杜佑早就猜到，他开始表明态度，采取行动。在看到宦官和唐德宗老臣频频抨击王叔文集团后，他也采取了反击措施。他派潘孟阳为盐铁副使，取代王叔文，迫使王叔文辞去盐铁使职务；拒绝王伾请求王叔文担任宰相的请求，并迫使王伾无法正常工作，并最终称病离开政坛；对曾经的得力部属刘禹锡公事公办，以至于刘禹锡被贬为司马的时候，他没有出面营救，但在刘禹锡前去地方任职时，他在送别时流涕。对此，刘禹锡并没有怨恨杜佑，两人的私交依旧较好，依旧有信往来联系。

唐宪宗

处理完永贞改革后，杜佑继续辅佐唐宪宗的中兴大业。唐宪宗是个非常有雄心壮志的皇帝，他一心想要复兴大唐帝国。于是，在杜佑等老臣干将的辅佐下，开始了轰轰烈烈的改革事业。

其中，最重要的是拿藩镇开刀。唐德宗时期，虽然藩镇势力得到一定的抑制，但是各地的藩镇依旧拥兵自重，野心膨胀，想方设法扩大地盘，无视中央权威，甚至搞起了父死子继、部下自请继任节度使的把戏。对此，唐宪宗不能容忍，他决定杀一杀这些藩镇的邪气。

公元806年年初，坐镇西南20多年的节度使韦皋病逝，剑南西川节度使空缺。其部下刘辟认为自己久居西南，拥有话语权，便主动向朝廷要求继任节度使。收到奏折后，唐宪宗恼怒异常，但是由于当时朝廷的主要精力集中在处理“二王八司马”上，无暇他顾，便答应了请求。

可是，仅仅过了两个月，刘辟又提出了新要求：要求朝廷将剑南三川诸道划归自己管辖。这是明摆着向皇帝要地盘，而且是光明正大的提，丝毫不守臣道。人心不足蛇吞象，对此唐宪宗采纳了大臣们的建议，出兵征讨。

经过紧锣密鼓的筹集军队、调集军械粮草，讨伐大军便杀气腾腾地杀向西南。面对政府军的围剿，刘辟并不想束手就擒，而是采取了武力对抗。他自以为拥有地利优势，能够占据险要地形，负隅顽抗。不过，他太过高估自己的实力，他手下的大多数将领和士兵只是为了混口饭吃，根本不想“造反”，甚至被斩杀。于是，在政府军的攻打之下，叛军溃不成军，很快就兵败如山倒，官军攻下成都，刘辟成了阶下囚，最后被押到京城斩首示众。

唐宪宗杀鸡儆猴，但没有镇住权欲熏心的各地节度使。刘辟军队的鲜血还没干，又有节度使铤而走险，发动兵变，抗拒中央。此次造反的是浙西镇海军节度使李锜，他是王室后裔，本想借着中央政局动荡捞一把，没曾想却把自己搭进去。事情是这样的：

就在唐宪宗处理永贞改革问题之际，李锜打了份报告，请求进京朝觐。唐宪宗经过权衡后答应了他的请求，并派使者前去宣布诏令：以王澹为留后，犒劳将士，查探情报。经过这么一试探，李锜沉不住气了，他原本只是打算试探一下皇帝，并不是真的想离开浙江，于是便假装生病，推迟进京朝觐的日期。

使者返回后，将实际情况一一汇报给唐宪宗。唐宪宗征召老臣商量，最后下达了诏令：李锜入朝为左仆射，李元素为镇海节度使。不过，李锜根本不想进京当什么左仆射，他想继续当“诸侯”，于是他一方面让手下杀了留后王澹，一方面则召集部众，举兵造反。

一看李锜原形毕露，唐宪宗立即任命淮南节度使王锷为统帅，调集淮南、宣歙、江西、浙东等地的军队前去围剿。最终，李锜被部下捆绑，叛乱平息。

在平定藩镇割据这件事情上，杜佑立下了不可磨灭的功绩，他既给唐宪宗提供意见，又为唐宪宗梳理财政，提供充足的后勤补给。

唐宪宗对杜佑极为尊重。虽说杜佑年纪越来越大，屡次请求退休，但是唐宪宗都觉得杜佑的建议很值得听取，一再拒绝。不过，唐德宗考虑到杜佑确实年纪较大，就做出了让步，允许杜佑不必每日上朝，三五天上一次朝就可以。但这种优待条件没有持续多久，当唐宪宗发现杜佑身体还算健康之后，就以“杜佑筋力未衰，起今后每日入中书视事”，要求他每天照常上班办公，直到公元810年，唐宪宗才让杜佑一月上三次朝。

公元812年，经过杜佑的屡次申请，唐宪宗最终批准，允许杜佑退休。至此，杜佑才最终离开官场，过起退休生活。然而，同年十一月，杜佑便溘然长逝。

显　赫

八仙过海，各显神通

女二十五人。……子壻张博济为鸿胪少卿，郑平为户部员外郎，杜位为右补阙，（杨）齐宣为谏议大夫，元撝为京兆府户曹。

——《旧唐书·李林甫传》

我们在前文叙述过，杜希望有八个儿子，分别是，杜信、杜位、杜佋、杜任、杜儒、杜佑、杜供、杜巨卿。在这八个人当中，杜佑的成就最为突出，前文已介绍过。现在我们回过头来，简单介绍一下杜佑几个兄弟的人生起伏。

杜信，杜希望的长子，其生卒年已经难以确定，关于其成长情况以及具体的人生活动轨迹也在语焉不详的史书中变得模糊不清。我们知晓的是，杜信字立言，长大后进入仕途，主要活动在唐宪宗时期，担任过各种官职，如国子司业、刑部员外郎、杭州刺史、太子宾客[①]等。从其官职上看，杜信的

① 官名。唐代始置，大唐显庆元年正月，以左仆射兼太子少师于志宁为太子太傅，侍中韩瑗、中书令来济、礼部尚书许敬宗，并为皇太子宾客，遂为官员，定置四人，为太子东宫属官，掌调护侍从规谏等。凡太子有宾客之事，则为上齿，盖取象于四皓（东园公、绮里季、夏黄公、角里先生，汉高祖刘邦时期四位年老之人）。资位闲重，其流不杂。宋、元、明因之，多以他官兼任。清不立太子，不设。《新唐书·百官志四上》：“太子宾客四人，正三品。掌侍从规谏，赞相礼仪，宴会则上齿。”

人生也算过得较为顺利，接近权力中心。

杜位，杜希望次子，跟杜信比起来，有关杜位的历史资料则相对多得多。这主要得益于两点：一是他是李林甫的女婿，二是与诗圣杜甫关系密切。宦门子弟出身的杜位，生活自然过得比普通人更加容易、更加从容些，长大后，杜位也涉足官场，开始其宦海沉浮的一生。在官场往来中，他与李林甫的女儿相恋并成了李林甫的女婿。

说起李林甫，国人都知道，他是大奸臣，陷害忠良、铲除异己，翻手为云覆手为雨，败坏朝纲，善于要两面派，以至于出现了“口蜜腹剑”的典故。虽说李林甫对唐朝后期的政治生态造成了巨大的破坏，但是李林甫在嫁女儿这件事情竟然非常开明。王仁裕《开元天宝遗事》写道：“李林甫有女六人，各有姿色，雨露之家求之不允。林甫厅事壁间有一小窗，饰以杂宝，幔以绛纱，常日使六女坐于窗中，每有贵家子弟入谒，林甫即使女于窗中自选，可意者事之。”

也就是说，李林甫不干涉自己女儿的婚姻大事，而是让她们自己选择如意郎君。这在恪守父母之命、媒妁之言的封建社会中，是极为罕见的。就是在这种较为开明的情况下，杜信成了李林甫的女婿。《旧唐书·李林甫传》：“女二十五人。……子壻张博济为鸿胪少卿，郑平为户部员外郎，杜位为右补阙，（杨）齐宣为谏议大夫，元撝为京兆府户曹。”

因为李林甫的关系，杜位当上了右补阙。不过，虽说李林甫权倾朝野，但是官场上总是风云变幻，没多久李林甫便被贬黜，从权力的巅峰跌落到谷底。而杜信也因为与李林甫是姻亲，受到了牵连。

在多番辗转之后，杜信投奔严武[1]，做了幕僚。在严武手下干事，他认识了严武的另一个幕僚：唐朝大诗人、诗圣杜甫。两人志同道合，加上本身又

① 严武，字季鹰。华州华阴（今陕西华阴）人。唐朝中期大臣、诗人，中书侍郎严挺之之子。初为拾遗，后任成都尹。两次镇蜀，以军功封郑国公。永泰元年，因暴病逝于成都，年四十，追赠尚书左仆射。严武虽是武夫，亦能诗。他与诗人杜甫友善，常以诗歌唱和，《全唐诗》中录存六首。

是同出一源，关系极为密切。不过，美好的光阴总是转瞬即逝，杜信很快就被贬新州，还为夔府司马，历司勋员外郎，约于公元794年去世。

跟杜佑相比，杜信的诗文才华横溢，他在担任新州参军期间，纵情山水，有感而发，写下了“新昌八景”：《[illegible]城旭日》《枫洞晚霞》《龙山胜概》《天露仙源》《崖楼耸翠》《锦水拖蓝》《冼亭耕牧》《洞口渔樵》。

后来杜信与杜甫保持着较为密切的联络，并如公元761年，杜位离开新州，杜甫就写了《寄杜位》一诗：

近闻宽法离新州，想见怀归尚百忧。
逐客虽皆万里去，悲君已是十年流。
干戈况复尘随眼，鬓发还应雪满头。
玉垒题书心绪乱，何时更得曲江游。

杜佋，杜希望第三子，出生年月不详。长大后也是步入仕途，担任过詹事司直、金城（今甘肃兰州）丞。

杜任，杜希望第四子，曾担任河南府兵曹参军，具体事迹不详。

杜儒，字巨卿，杜希望第五子，担任过武进主簿。

杜供，杜希望第七子，担任过洪州长史。

杜巨卿，杜希望第八子，具体事迹不详。

可以说，杜希望的八个儿子，都在官场上沉浮，都有属于自己的一片天地，也许官职有高低，境遇有好坏，但他们都过了自己所选择的一生。

秉承家风，恪尽职守

群等复执曰：拾遗之与补阙，虽资品有殊，皆名谏列。父为宰相，子为谏官，若政有得失，不可使子论父。

——《旧唐书》

在杜希望的几个儿子中，杜佑以辅政三朝、著有流芳青史的《通典》而独占鳌头，但是其后代子孙能延续辉煌甚至超越他吗？

杜佑自然希望一代更比一代有出息，也花了精力和心思为后代铺路，但是每个人都有自己的命运，且每个人的命运与时局息息相关，这一切并非杜佑所能左右。

杜佑有三个儿子，即杜师损、杜式方、杜从郁。这三个人凭借杜佑生前的功劳和庞大的关系网，在仕途上较为顺利。其中，杜师损官至司农少卿。这个官职在当时虽说算不上高级官员职务，但也是一个肥缺。

对于三省六部制，国人都比较熟悉，可以用来概括唐朝行政体系，不过，如果严格说起来，应该是三省六部九寺五监制。司农少卿就是九寺之一，“司农卿之职，掌邦国仓储委积之政令，总上林、太仓、钩盾、导官四署与诸监之官属，谨其出纳而修其职务”，简单地说，司农寺主要负责供给京都百司官吏禄、朝会、祭祀、供御所需与百官常料。其子杜羔，以进士及第，后历任振武节度使，以工部尚书致仕。

相比于杜师损，杜佑次子杜式方的仕途更为顺利和显达。杜式方，字孝元，凭借父荫，担任扬州府参军，经过一段时间历练后，担任常州晋陵尉。后来，浙西观察使王纬招他入幕，担任从事。再后来，调入京城任太子通事舍人，改太常寺主簿。此后，官职不断晋升，累迁正议大夫、太仆卿，封上柱国、南阳县开国男。唐穆宗时期，担任御史中丞，充桂管观察使。长庆二年，卒于位，赠礼部尚书。

从其履历上看，杜式方的官职很高，曾经担任过地方高官桂管观察使，也就是二级军区的主官。当然，杜式方的好运并不止步于此，他生有四子，其三子杜悰，也就是杜牧的堂兄，李商隐的表兄，迎娶了唐宪宗之女岐阳公主，成为驸马，拜相封公，光耀门楣，超过其祖父杜佑的官职，再造辉煌。此是后话，暂且不表。

跟两位哥哥比起来，杜从郁的人生就没那丰富多彩了。杜从郁，也就是杜牧的父亲，他也因为有父亲的庇佑，不必经过科举考试就得以进入官场。公元806年，朝廷拟让杜从郁转左补阙。但是，谏官崔群、韦贯之、独孤郁等对此有意见，他们认为杜从郁是宰相的儿子，哪有儿子监督父亲的道理，不宜当谏官，朝廷最终采纳了崔群等人的意见，改授左拾遗，官品降二等。但是，对于这样的结果，崔群等人依旧不满意，继续反对，他们说："拾遗和补阙虽然在品级上有区别，但都是谏官。父亲担任宰相，现在儿子当谏官，如果朝政有得失，宰相有过错，让拾遗去弹劾其父亲，这是不合适的。"既然有人反对，朝廷只好放弃任命杜从郁为谏官，而改任秘书丞。

这里有必要介绍下补阙、拾遗、秘书丞这三种官职。

补阙，设置于唐武则天垂拱元年，职务是对皇帝行谏及举荐人才，位从七品上；有左右之分，左补阙属门下省，右补阙属中书省，掌供奉讽谏。唐朝的著名诗人中，张九龄、韦庄、王维、岑参都曾担任过补阙。

拾遗，也是唐代谏官名称。与补阙于武则天垂拱元年设置，分左、右拾遗，左、右拾遗分属门下、中书两省，职掌与左右补阙相同，同掌供奉讽谏、荐举人才，位从八品上，稍低于补阙。唐代著名诗人王维、陈子昂、杜甫、白居易、元稹都曾担任过拾遗。

秘书省是皇帝的图书馆，设置秘书监、秘书少监、秘书丞。杜从郁的主要工作区域就是皇城的图书馆。虽然说秘书丞是从五品的官职，但是比起品级低但有实权的补阙、拾遗来说，则是差了不少。

虽说不能如愿以偿地担任补阙或拾遗，但是杜从郁依旧欣然领命，担任秘书丞。由于品德、文才较好，杜从郁很快就得到了皇帝的赏识，没多久就被任命为驾部员外郎。这次调职是升迁还是贬谪呢?

驾部员外郎属于尚书省。尚书省下设六部，每部设四司，外加左右两司，一共二十六司。这些司的主官官职都是从五品上，副职员外郎都是从六品上。按照唐朝的制度，六品以上的官员由吏部考核拟定，五品以上的则由皇帝任命。不过，员外郎虽说是六品官，但由皇帝任命。

由此可以判断，杜从郁会有一个较好的仕途。然而，天有不测风云，人有旦夕祸福。就在杜从郁兢兢业业工作的时候，他的身体出了问题。由于从小就体弱多病，杜从郁的健康一直有问题，加上他当官后，废寝忘食地工作，导致身体每况愈下，结果病死于任上。

可以说，杜佑的三个儿子，秉承良好的家风，没有官二代的“痞性”和恶习，在朝为官恪尽职守，为人处世低调有度，没在史书上留下什么不好的记录。

三代出俊才

岐公外殿内辅，凡四十年，贵富繁大，儿孙二十余人，晨昏起居，同堂环侍。

——杜牧《唐故复州司马杜君墓志铭》

杜佑的三个儿子，虽然没有辱没杜佑的名望和德声，但是三个人并没有超越其父辈，担任宰相职位，位列三公。不过，相比于纨绔子弟来说，杜佑的三个儿子也算事业有成，维持了杜氏家业。但是，杜氏家族能突破“富不过三代”的魔咒吗？这在当时则是未知数。

据杜牧《唐故复州司马杜君墓志铭》所写：“岐公外殿内辅，凡四十年，贵富繁大，儿孙二十余人，晨昏起居，同堂环侍。”可以看出，杜佑的儿孙二十多人，可谓是枝繁叶茂。根据后代学者的考证，杜师损生子三人，即杜诠、杜愉和杜羔；杜式方圣有五子，分别是杜恽、杜憓、杜悰、杜恂、杜慆；杜从郁有子二人，即杜牧和杜顗，共计十人。

这与杜牧所说的子孙二十余人有所出入。至于其中原因，已经不甚明了。按照唐朝有将族兄弟也算在内的习惯看，杜牧可能将其祖父的曾孙也一并计算在内，或者将其祖父杜佑的兄弟的子孙算在内，都是有可能的，但真相如何，已经无从考证了。

不过，不管如何，杜氏一族到了杜牧这一代依旧子孙满堂，依旧是京门豪族。在杜牧这一代中，杜氏家族依旧风光无限，其子孙大有成就者、远胜其父辈者，也不在少数。比如，杜羔，他没有凭借祖荫踏入官场，而是和普通子弟一样，勤学苦读，参加科举考试，于贞元初及进士第，后担任各种官职，如振武节度使，最后以工部尚书的职位退休；比如，杜恽官至京兆富平尉；比如杜顗，凭借聪明好学，参加科举考试，考中进士，授秘书省正字，唐朝权臣李德裕奏为浙西府宾佐。

当然，在这十个人当中，最有成就的要数杜悰和杜牧。

杜悰，杜式方的第三子，也是杜牧的堂兄，是杜氏家族再续政界传奇的人物。杜悰，字永裕，从小聪明，喜好游玩，《太平广记》卷四十“神仙四十”记载着他小时候的一个故事：

> 杜邠公悰，为小儿时，常至昭应观，与群儿戏于野。忽有一道士，独呼悰，以手摩挲曰：“郎君勤读书，勿与诸儿戏。”指其观曰：“吾居此，颇能相访否？”既去。悰即诣之。但见荒凉，他无所有。独一殿巍然存焉，内有老君像。初道士半面紫黑色，至是详视其像，颇类向所见道士。乃半面为漏雨所淋故也。

跟其他子弟不太一样的是，杜悰没有走科举之路，而是依靠门荫涉足政界，担任太子司议郎[1]，主要“掌侍从规谏，驳正启奏”，记录皇太子处理政务的大事小事。按照官职来看，杜悰虽然只是正六品的官员，但他在太子身边，与皇帝、高层核心官员接触的机会多，晋升的机会也相对多些。

---

① 太子司议郎，唐贞观五年，太子请于东宫置史职，遂于门下坊（后改左春坊）置太子司议郎四人，秩正六品，掌侍从规谏，驳正启奏，凡皇太子行事有传于史册者，录为记注，于岁末送交史馆。

杜悰

在日常的工作生活中，杜悰也秉持家风，努力工作。有一天，杜悰平淡的工作生活出现了重大变化。当时，唐宪宗看到宰相权德舆[①]招到好女婿翰林学士独孤郁，非常羡慕，希望给自己的掌上明珠岐阳公主找个佳偶。于是，他便让李吉甫负责此事。

按照惯例，公主婚配，要从权贵官员子弟里面挑选。权德舆接到圣命后，不敢怠慢，立即召集权贵商量，让各家子弟自愿报名，然后由岐阳公主挑选。政治婚姻在政治场上是司空见惯的事情，许多人刚开始听说皇帝招驸马便蠢蠢欲动，但是当他们得知是唐宪宗最宠爱的公主后，大家面露难色，纷纷作鸟兽散。

岐阳公主究竟何许人也？为何一个大富大贵、正值妙龄的女子，几乎到“无人问津”的地步呢？

其实，这倒不是说这些权贵子弟不想背靠皇帝这棵大树，捞取政治资本，在官场上大展拳脚或者肆意游玩，而是这位岐阳公主对唐宪宗来说非同一般。

岐阳公主，唐宪宗李纯嫡长女，其母郭贵妃。元和八年（813年）及笄，封岐阳公主。自从其出生以来，唐宪宗就非常疼爱她，凡是岐阳公主想要的，无不满足，凡是岐阳公主不满意的，不管是人还是物，一律“消失”。如此一来，权贵子弟就认为，娶了岐阳公主，相当于供了座“佛”，

① 权德舆，字载之，天水略阳（今甘肃秦安东北）人，唐朝文学家、宰相，起居舍人权皋之子。少有才气，未冠时即以文章称，杜佑、裴胄交辟之。唐德宗闻其材，召为太常博士，改左补阙，兼制诰，进中书舍人，历礼部侍郎，三次知贡举。唐宪宗时，累迁礼部尚书、同平章事。后坐事罢相，历任东都留守东都。复拜太常卿，徙刑部尚书，出为山南西道节度使。元和十三年（818年）去世，追赠左仆射，谥号“文”。

自己只有当奴才的份儿，只有受气的份儿。无法无天、偷鸡摸狗惯了的权贵子弟怎么能做得到，搞不好，驸马没当几天，小命就丢了。此外，因为公主身份尊贵，一旦去世，作为丈夫要为妻子守孝三年，在这三年间，不许迎娶他人，不得犯奸，否则大刑伺候。这对品行不正的权贵子弟来说，断然是难以接受的。所以，他们纷纷“退避三舍”，但是他们不能明着说自己不想娶公主，就以自己身体不好，甚至性功能有障碍等借口退出了竞选。

舍身娶公主

岐阳庄淑公主，唐宪宗李纯嫡长女，母郭贵妃。元和八年及笄，封岐阳公主，宪宗命李吉甫在世族中选驸马，唯杜佑之孙杜悰愿尚主。

——《新唐书》

大唐帝国的公主竟然遇到“嫁不出去”的情况。不过，在众人都退却的时候，杜悰却“勇往直前”，他跟权德舆说，既然大家不敢娶公主，自己愿意娶。于是，在没有任何竞争对手的情况下，杜悰娶了岐阳公主，也为自己的仕途打开了一条康庄大道。

果然，得知杜悰愿意迎娶公主后，唐宪宗非常高兴，立马就封杜悰为银青光禄大夫[①]、殿中少监[②]、驸马都尉；并命人算好良辰吉日，准备将宝贝公主嫁出去。当年八月，一个风和日丽的好日子里，岐阳公主出嫁了。当时的

① 银青光禄大夫，古代官名。初为兼官，无职掌。隋朝以为正三品散官，炀帝改为从三品。唐朝为从三品文散官，宋代以后废。

② 殿中少监，唐代官职名，殿中省的次官，从四品上。分掌皇帝膳食、医药、冕服、宫廷祭祀张设、汤沐、灯烛、洒扫以及马匹、舆辇等事务。

唐文宗

盛况自然是不消说的，只需举个例子就可以明了。为了保证婚礼在万无一失的情况下进行，唐宪宗命令左右神策军出动300名训练有素的精锐开道。

出乎杜悰和众多权贵子弟意料的是，这位最得圣心的公主并不是一只母老虎，而是才貌双全的主儿。嫁给杜悰之后，这位公主没有摆架子，而是相夫教子，侍奉公婆，以守礼闻名。

后来，杜悰担任澧州刺史，岐阳公主与他一同前去赴任。她没有坐豪华的马车，也不接受沿途各个州县供应的肉食和礼物。而在其婆婆病重期间，这位衣来伸手饭来张口的公主则衣不解带地侍奉左右。

也许是因为操劳过度，也许是身体不太好，岐阳公主一病不起，最终在公元837年撒手人寰。当时，杜悰刚好担任忠武军节度使奉命入京。公元837年，杜悰抵达京城，但是并没有前去觐见唐文宗。唐文宗百思不得其解，勃然大怒，就问手下官员。户部侍郎李珏则回答道："驸马要为公主服斩衰三年，士族之所以不愿娶公主，很大程度是因为这个。杜悰正在为公主服丧，所以没来谢恩。"

唐文宗听后，怒气全消，并下令废除了这个规定。

虽然公主已经离开了人世，但是杜悰的仕途没有受到半点影响，甚至越走越顺。就连宫廷斗争换新君都没有对杜悰产生多大的影响。

公元840年，三十出头的唐文宗病重，他在临终前立自己的儿子李冰为太子，但是掌握兵权的宦官仇士良[①]、鱼弘志[②]则肆意矫诏，宣布废弃太子，改立李瀍为太子，唐文宗郁郁而亡。

安史之乱后的皇帝里，唐文宗算是比较勤勉有为的君主，他不好女色，兢兢业业，厉行节俭，对大唐帝国进行改革，力图复兴王朝。但是，宵衣旰食依旧弥补不了其治国才能的短板，造成了甘露之变的失败，进而导致自己被软禁、宦官专权的局面出现，最终郁郁而终。

李瀍是何许人呢？他是唐穆宗李恒第五子，唐敬宗李湛、唐文宗李昂异母弟。起初，他被封为颍王，累加开府仪同三司、检校吏部尚书，在政坛上较为活跃，也颇有野心。公元840年正月，唐文宗病重，宦官仇士良、鱼弘志矫诏要立李瀍为太子，他积极参与谋划，最终如愿坐上了大唐帝国的皇帝宝座。唐文宗去世后，李瀍即位，是为唐武宗。

在这腥风血雨之中，杜悰稳如泰山，没有受到什么影响。当然，这不单单是因为他是皇亲国戚这层关系，还因为他秉承其祖父杜佑的处世哲学，走中庸之道，得以安全度过政变危机。

---

① 仇士良，循州兴宁（今广东兴宁）人，唐朝宦官。宪宗、文宗时任内外五坊使，后升左神策军中尉兼左街功德使。“甘露事变”后，加特进、右骁卫大将军，封楚国公，死后追赠扬州大都督。他擅权揽政20余年，一贯欺上瞒下，排斥异己，横行不法，贪酷残暴，先后杀二王、一妃、四宰相，使当时朝政变得更加昏暗和混乱。

② 鱼弘志，与仇士良同掌禁军，公元835年爆发“甘露之变”，鱼弘志诛杀李训、郑注，共杀二王、一妃、四宰相，从此掌握唐朝政权。

两度为相

唐武宗即位后，励精图治，积极笼络人才，进行改革。他任命李德裕[①]为相，对积弊甚多的唐朝进行全方位的改革。

在压制藩镇方面，唐武宗采取了强硬措施，派兵镇压。公元843年，泽潞镇节度使刘从谏去世，他的侄子刘稹想要袭位割据，唐武宗自然不允，采纳李德裕的建议，命诸道出兵征讨。第二年，刘稹死于部下之手，叛乱平息。

在增加税收方面，唐武宗也采取强硬的手段。唐朝时期，佛教和道教并存，佛教发展迅速，势力强大，按照国家的制度法规，他们可以免于交税。如此一来，国库收入就受到了影响。在道教道士赵归真的极力鼓动和李德裕的支持下，唐德宗下令拆毁佛寺。经过几个月的强拆，4.46万余座寺庙被毁，26.1万僧尼还俗，15万奴婢还俗，朝廷获得了大量的土地，国家税收大大增加。

① 李德裕，赵郡赞皇（今河北赞皇）人，唐代政治家、文学家、战略家，牛李党争中李党领袖，中书侍郎李吉甫次子。李德裕在唐武宗继位后，再次入朝为相。他执政五年，外攘回纥、内平泽潞、裁汰冗官、制驭宦官，功绩显赫，被拜为太尉，封卫国公。唐武宗与李德裕的君臣相知也成为晚唐绝唱。近代梁启超甚至将他与管仲、商鞅、诸葛亮、王安石、张居正并列，称他是中国六大政治家之一。

在镇边护民方面，唐武宗也积极应对，唐朝出动大军打败回鹘，维护边境的稳定。可以说，唐武宗在位短短七年时间，在治国理政方面大有成效，唐朝一度出现中兴的局面，史称“会昌中兴”。

在唐武宗时期，杜悰因为正直而抗拒圣旨，最终得到皇帝的赏识，颇有其祖父杜佑的遗风。事情是这样的：

杜悰担任淮南节度使期间，唐武宗下诏，扬州监军负责挑选17个倡家女，送到京城。监军想让杜悰也参与进来，便邀请他一同参选，但是被杜悰一口回绝：“我没有得到圣命就参与这可是犯罪。”监军一听，恼羞成怒，就上奏皇帝，说杜悰不办皇帝的差事，想要借皇帝之手收拾杜悰。

自古以来，君命难违，违抗圣旨从来都是大罪，不仅可能自己身首异处，还可能牵累家人。不过，好在唐武宗不是昏君，他在看完奏折后确实发了一通脾气，想要将杜悰下大狱，但是，转念一想，自己后宫佳丽三千人，还屡屡向民间征召，这的确是自己有问题。再者，明君应该将更多的精力放在治国理政上，怎么能贪念女色呢？于是，他反而认为杜悰敢犯颜抗旨，可堪大任，便有意任命他为宰相。

第二年，唐武宗便将杜悰召回京城担任检校尚书右仆射、同中书门下平章事，即唐武宗任命杜悰为宰相。没有因犯颜获罪，反而升任宰相，杜悰心存感激，上表谢恩，唐武宗则说道：“你不随从监军的请求，我知道你能持节守正，具有爱护君主之心。现在升任你为宰相，我如同得到了一个魏徵！”

不过，朝廷政治斗争激烈化，杜悰担任宰相没多久就被迫离开政治权力中心，外调剑南东川节度使，没多久又调到淮南当主官。当时，淮南大旱，老百姓几乎颗粒无收，加上徭役赋税很重，出现了饿殍遍野、流民外出避难的情况。跟老百姓的穷困相比，官老爷们则日子过得舒坦，大鱼大肉没停过，不分白天黑夜地组织饭局。这种“朱门酒肉臭，路有冻死骨”的鲜明对比，让杜悰极为震惊，他写了奏折，上呈唐武宗。但是，遭到了朝臣的攻击，反倒被罢兼太子太傅，分司东都。

对于杜悰的品性和能力，唐武宗还是知根知底的。过了一年，他再度任命杜悰为剑南西川节度使，没多久便再征召他入朝，担任右仆射，判度支，进兼门下侍郎同平章事。

安稳度过政权更迭

元和五年，李忱出生于大唐帝国的豪贵之家。他是唐宪宗的第十三个儿子，以嫡长子继承制的角度看，李忱基本上没有当皇帝的机会。更何况，李忱的母亲郑氏出身卑微，不过是一介宫女。所以，李忱虽然贵为皇子，但是待遇比其他皇子要差得多。

在晚唐刀光剑影、宦官专政、派系斗争中，皇子往往深陷其中，身家性命不保的大有人在。为此，李忱便装疯卖傻起来，企图自保。这招妙计显然起了作用，他平安地长大成人。不过，他也因此被人称为“智障”，被肆意嘲讽玩弄。

有一次，唐文宗宴请诸王，大家把酒言欢，气氛好不热闹。不过，李忱竟然一言不发。对此，唐文宗发话了：“只要有人能够让李忱开口说话，朕有重赏。”唐文宗虽然是皇帝，但是从辈分上说，他是李忱的侄子。但看到李忱如此“不识抬举”，便想逗逗他。

于是，众王便纷纷使出浑身解数，想要戏弄李忱。不过，不管他们如何卖力戏弄自己，李忱始终一副逆来顺受的样子。众人都认为李忱是真傻，但唐文宗的弟弟，也就是后来的唐武宗却认为李忱可能是装疯卖傻。

唐武宗即位后，也抓住一切机会对李忱进行试探，想要看看李忱到底是真傻还是假傻。有一次，唐武宗带着李忱和诸王去踏雪，兴尽而归之际，李忱从马上坠落，掉进冰雪中。唐文宗认为，这个傻子再也回不去了。可是，第二天，李忱依旧生龙活虎地出现在王府中。

经过此次外出游行，唐武宗认为李忱是假傻，决定除掉他，以除后患。几天后，李忱便被宦官抓到幽禁宫女和嫔妃的地方——永巷，还被人扔进了厕所，他们准备结果了他的性命。不过，一个宦官却认为傻有傻的用处，便瞒着唐武宗，没有杀李忱，而是将其偷偷运到宫外藏起来。

就这样，被人取笑的傻子人间蒸发了，也很快被人忘了。直到公元846年，唐武宗病危。此时的唐武宗，膝下虽有儿子，但是年纪都很小，便没有立太子。国无储君且恰逢皇帝病危，往往会引发局势动荡。大唐也不例外，官员人心浮动，各个派系斗争极为激烈。

就在这个时候，把持朝政的宦官便将李忱请了出来。如此一来，朝廷上下一片哗然，他们既惊愕又不满，惊愕的是，这个傻子竟然还活着，不满的是，宦官又让一个傻子当傀儡皇帝。

不过，虽说大多数朝臣极为不满，但是李忱是唐敬宗、唐文宗、唐武宗的叔叔，背后还有宦官集团庞大的势力，所以只能默认“傻子”当皇帝。于是，李忱就这样当上了大唐帝国第16任皇帝，史称唐宣宗。

对于“傻子”当皇帝，就好像晋惠帝当皇帝进而引发西晋朝政大乱一样，没有人看好李忱。但是，当上皇帝后，李忱像换了个人一样，言行举止与常人无异，且善于杀伐决断。此刻，他们才恍然大悟，李忱是装傻。

这个装疯卖傻了36年的李忱终于迎来了人生的春天。他早就对大唐积弊了如指掌，即位后，立即进行改革。在政治上，他解决了持续40多年的牛李党争，使政治生态得到净化。在军事上，他出兵吐蕃，平定叛乱，使吐蕃维持与大唐帝国的关系。在用人上，他不拘一格，提拔人才，贬黜尸位素餐的大臣，压抑权豪。经过他的一番努力，大唐帝国出现了中兴，史称“大中之治”。后来就算唐朝灭亡，唐朝百姓对他还是颇为思念，称之为“小太宗”。

在唐武宗和唐宣宗政权过渡期间，杜悰也能洞若观火，得以保全，并在唐宣宗的新政权下担任高级职务。

不过，没干多少年，唐宣宗就病危了。对于立储之事，唐宣宗反而犹豫不决起来。他的长子李温，虽然“器度沉厚，形貌瑰伟”，“洞晓音律，犹如天纵”，但是放荡不羁，整天就喜欢吃喝玩乐，而且没有治国理政的才能；第四子李滋聪慧，有驾驭群臣之权术，也深受唐宣宗的喜欢，不过自古以来，废长立幼往往会引发祸乱。唐宣宗犹豫不决，直到驾崩前才突破嫡长子继承制，立李滋为太子。

唐宣宗去世后，枢密使王归长、马公儒等以遗诏立李滋为皇帝，但是此时的大唐天下并不是皇帝说了算，而是由宦官说了算。跟宦官矫诏扶持唐武宗上位一样，这次宦官王宗实矫诏废李滋，拥立李温为皇帝，是为唐懿宗。

在拥立新皇帝方面，杜悰也是作壁上观，从不参与，如此一来，他始终没有受到影响，反而得到了重用。唐懿宗虽然是唐朝晚期的有名昏君，但他还是封杜悰为司空，封邠国公，以检校司徒为凤翔、荆南节度使，加兼太傅。

不过，这种好运没有持续多久。当时，黔南观察使秦匡讨伐少数民族，结果大军遭遇重创，秦匡担心皇帝会杀自己，便投奔杜悰，希望能救自己一命。秦匡损兵折将，杜悰怎么能为他说话，相反让人将秦匡下狱，等候皇帝下诏处理。在他看来，秦匡虽然兵败，但不至于被斩首，可惜，皇帝偏偏下诏，命令杜悰处斩秦匡。接到诏命，杜悰惊讶得说不出话来，随即病死，享年80岁。唐懿宗得知消息后，赠太师，以太师之礼葬杜悰，并令宰相率领百官前去祭奠。

杜悰宦海一生，至此画上了句号。纵观其一生，虽能够稳坐钓鱼台，在暗流涌动的晚唐政局中屹立不倒，但是史学家、学者认为他只爱护自己的羽毛，从来不向朝廷推荐在野的有志之士，致使其祖父杜佑的官学衰败，人们称之为“秃角犀”。

巨　变

杜牧的快乐童年

旧第开朱门，长安城中央。第中无一物，万卷书满堂。家集二百编，上下驰皇王。

——杜牧《冬至日寄小侄阿宜诗》

杜氏家族到了杜牧这一代，其堂兄杜悰飞黄腾达，攀龙附凤，在朝为相，光耀门楣，再造杜佑时的辉煌。但是，虽然杜悰在仕途上超越父辈和祖父辈，但是并没有将杜佑的经世致用之学发扬光大，而是只顾自己一亩三分地，虽忝居高位，却对国家贡献不大，没有杜佑的遗风，而只有杜牧才继承其祖父遗风，将其经世致用之学发扬光大。

公元803年某月某一天，京城权贵杜氏家族锣鼓喧天，热闹非凡，这一天，已经接近古稀之年的杜佑再得一男孙，取名杜牧。此婴儿出生时，倒也没有什么异象，如神仙驾临、神仙托梦等。虽说不确定未来这个男孩会有什么样跌宕起伏的人生，但是杜氏上下因为再添一男丁而张灯结彩，宴饮庆祝。

出生于权贵之家，意味着含着金钥匙出身的杜牧，其物质生活条件要远比普通人家的好。其祖父在他出生这一年，升任宰相，其父亲、伯父以及族亲，都在朝为官，可谓家族显赫。

杜氏家族的产业也非常庞大。杜氏宅第在长安安仁里，即安仁坊，在朱雀门街东第一街，从北第三坊，所处位置是大唐帝国首都长安城的中心，其权势如何不言而喻。杜牧于《冬至日寄小侄阿宜诗》所说的“旧第开朱门，长安城中央”，指的就是这个地方。杜氏的家庙在延福坊，延福坊在朱雀门街西第三街，从北第九坊。杜氏家族在首都长安周边还有建有别墅，杜佑自己曾在《杜城郊居王处士凿山引泉记》写道：

> 佑此庄贞元中置，杜曲之右，朱陂之阳，路无崎岖，地复密迩，开池水，积川流，其草树蒙笼，岗阜拥抱，在形胜信美，而跻攀莫由。……其流触湾环，曲池涵（yūn）沦，美景良辰，贤英迭臻。
>
> 泛方舟而骋怀，听清商而怡神，宁知景之将曛，胜事佳趣，谅难备陈。……每出国门，未尝公服，导从辈悉令简省，刍荛者莫止唐突。及栖弊陋，时会亲宾，野老衰宗，啬夫游缴，亦同列坐，或与衔杯，由是尽得欢心，庶比洽乡党。其城曲墟落，缁黄童艾，杜名杜氏，遍周川原，群情既用光荣，老夭惟增祗惧。

此外，杜氏家族在襄阳也置有产业，即杜佑孙、师损长子杜诠所居之汉水别业。对此，杜牧在《杜诠墓志》里说道：

> 终于汉上别业。岐公外殿内辅，凡四十年，贵富繁大，儿孙二十余人。晨昏起居，同堂环侍。公为之亲，不以进门内，家事条治裁酌，至于筐箧细碎，悉归于公。称谨而治。自罢江夏令，卜居于汉北泗水上。烈日笠首，自督耕夫，而一年食足，二年衣食两余，三年而室屋完新，六畜肥繁，器用皆具。

可以说，杜牧出生时，杜氏家族刚好出于巅峰时期。在这样的家庭里，杜牧可以说是，衣食无忧，过着衣来伸手饭来张口的生活。事实上，杜牧小时候的生活确实过得很幸福，他经常跟随祖父到别墅里游玩。

这座别墅坐落于樊乡，风景优美，环境宜人。樊乡是个名地，这是汉高祖刘邦赐给樊哙食邑的地方。杜牧从小喜欢这里，经常到这里游玩。后来，他外调做官常常思念樊乡，打算等到自己退休后到这里颐养天年。后来，他调回京城担任考功郎中知制浩时，便将自己的积蓄拿出来建造别墅，还为自己的诗文集取名《樊川集》，可见樊乡对杜佑的影响之深。

当然，除了游玩之外，杜佑从小就开始接受教育，从识文断字开始，到作对子、写作文。

跟很多穷人家孩子不一样，杜家藏书丰富，触手可及，而且家庭条件好，无须白天帮家里做家务，晚上勤学苦练，如车胤小时家贫，夏天以练囊装萤火虫照明读书，不用像晋代孙康冬天常利用雪的反光读书。

杜牧在《冬至日寄小侄阿宜诗》中说到其家族经济状况和藏书情况："旧第开朱门，长安城中央。第中无一物，万卷书满堂。家集二百编，上下驰皇王。"言语中流露出自豪之意。确实，其祖父杜佑酷爱读书，也著书，光是《通典》就有200卷，洋洋洒洒近200万字。

也许是受到祖父和父亲的影响，杜牧没有过很多纨绔子弟过那种飞鹰走狗的生活，而是将大部分时间用来读书。也因为他遍览群书，留心当世之务，论政谈兵，才言之有物，不至于虚无空洞。对此，他在《上李中丞书》中说自己"世业儒学，自高、曾至于某身，家风不坠"，又说自己对"治乱兴亡之迹，财赋兵甲之事，地形之险易远近，古人之长短得失"很有研究。杜牧这点倒也没自夸，后来他写出了名垂千古的《阿房宫赋》等名篇，便有赖于其勤学奠定的基础。

家庭遭变故

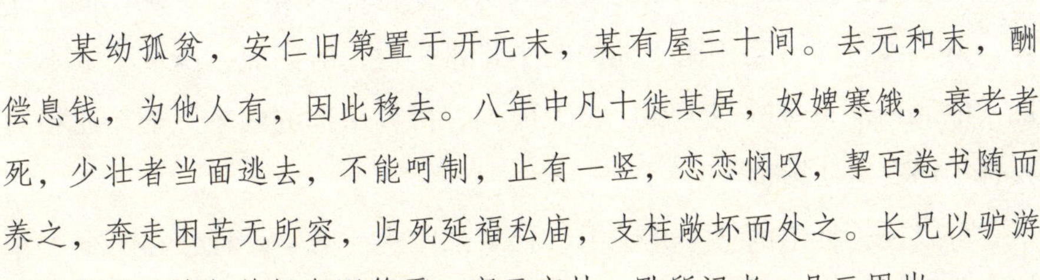

某幼孤贫，安仁旧第置于开元末，某有屋三十间。去元和末，酬偿息钱，为他人有，因此移去。八年中凡十徙其居，奴婢寒饿，衰老者死，少壮者当面逃去，不能呵制，止有一竖，恋恋悯叹，挈百卷书随而养之，奔走困苦无所容，归死延福私庙，支柱敞坏而处之。长兄以驴游丐于亲旧，某与弟觊食野蒿藿，寒无夜烛，默所记者，凡三周岁。

——《上宰相求湖州第二启》

杜佑的幼年和童年的大部分时间都是快乐的。但是，这种幸福是短暂的，因为杜氏家族很快就遭遇了巨变。

公元812年11月16日，也就是杜牧十岁这年，杜牧的祖父杜佑溘然长逝，安然离开了这个充满是非的世界。对杜牧来说，或许当时依旧年幼的他尚不能深刻地理解祖父去世的深刻含义以及难以体会丧失亲人的那种撕心裂肺的心痛，但是他至少明白，曾经带着自己四处游玩、教自己读书写字的祖父不能陪自己玩了。当然，对杜氏家族来说，杜佑的去世，意味着分家在即。虽然这一点是幼小的杜牧所不能了解的，但是他却深刻地感受到了，祖父去世后，自己的家庭情况一落千丈的悲凉。

杜佑虽说置有产业，但是相对于那些贪官员来说，位居宰相10年的杜佑，产业依旧显得有些“少”。杜佑去世后，杜佑一脉分家也随之拉开了帷幕。在家族长辈的支持下，杜师损、杜式方、杜从郁在吵闹中成功地分了家。

杜家一分为三后，整个庞大的家族就显得不那么强大，而且分家之后，每家的情况也发生了变化。杜牧的大伯父杜师损官至司农少卿，为官处事如鱼得水，家业越来越大，其子甚至在襄阳扩建了汉水别业；而杜牧的二伯父杜式方在昭应县当县令，虽说官职卑微，但是他的儿子很争气，都成为国家公务员，而其第三子杜悰更是驸马爷，并在长安城有独立的住宅，其产业也自然不消说；反倒是，杜牧的父亲杜从郁显得贫困落魄。虽说，他也在朝为官，但是当官的时间相比于他的两个哥哥来说，时间短，所拿工资不多，而且，他那两个哥哥的孩子都已长大成人，可杜从郁的两个儿子却还年幼（杜牧时年10岁，杜顗时年6岁）。

可以说，杜佑的三个儿子中，杜从郁家最“穷”。杜牧在《上宰相求湖州第二启》颇为辛酸地写道：

> 某幼孤贫，安仁旧第置于开元末，某有屋三十间。去元和末，酬偿息钱，为他人有，因此移去。八年中凡十徙其居，奴婢寒饿，衰老者死，少壮者当面逃去，不能呵制，止有一竖，恋恋悯叹，挈百卷书随而养之，奔走困苦无所容，归死延福私庙，支柱欹坏而处之。长兄以驴游丐于亲旧，某与弟觊食野蒿藿，寒无夜烛，默所记者，凡三周岁。

然而，这只是相对的。根据杜牧的记述，杜从郁分到了房屋三十间。这比起普通来百姓屋漏风雨，没有像样的居所，可以说是富有得多。杜牧所说的穷，不过是相对于其幼年时期衣食无忧而言的。

虽说杜从郁家最“穷”，但是杜从郁也更加年轻，作为太子身边的官员，其前途不可限量，假以时日，颇富才华的他极有可能振兴家业。简单地说，拥有才华的他完全可以通过时间来弥补他家与其他两家的财富差距。

不过，天妒英才。杜从郁从小就体弱多病。在成长的道路上，一直与药为伴。为了治好“病”，杜家不知道请了多少名医，杜从郁不知道尝试了多少种药物，以至于后来，他宁可病着也不喝药。看到这种情况，其二哥杜式方念着手足之情，将每道药都亲自品尝过，才给杜从郁。只有这样，杜从郁才继续喝着苦不堪言却几乎没有效果的药汤。

分家之后，虽然杜从郁的月薪有40贯钱（据《唐会要》载），养活三五个人没有问题，但是要养活老婆、孩子、小妾及奴婢等二三十人，日子自然过得紧巴巴。作为家中的顶梁柱，身体有问题的杜从郁只能加倍努力工作，以期改变现状。但是，长期的劳累使得杜从郁的健康状况每况愈下，最终在杜牧十四五岁的时候，病死于任上。

杜从郁的去世，给其家人带来了重创，尤其是对杜牧及其弟弟。杜从郁去世后，杜家没有了主心骨，家庭很快就衰败了：杜牧虽然已经十四五岁，但依旧还是个孩子，不懂得经营家庭，家庭入不敷出，越过越紧，最终为了还债，将分到的几十间屋子拿去抵押。眼见杜家落败，奴婢拿不到“工资”，纷纷逃跑。杜家在短短时间之内，从小康之家沦为平民之家，甚至到了“食野篙蕾，寒无夜烛”的地步。

杜牧

将房子抵押给别人后，杜牧一家的日子过得极为艰难。其堂兄骑着毛驴投靠亲友去了，只剩下他和弟弟相依为命，没有吃的就靠挖野菜过活，至于住的地方，则可以用“居无定所”来形容，八年搬了十多次家。这种临时性的家，条件自然是简陋不堪，杜牧想要晚上读书连灯都没有，只能在黑暗中靠着记忆来背书。

也许有读者会问，既然其大伯父、二伯父家境条件好，为什么他们不支援一下杜牧他们家呢，或者说杜牧为何不去投靠家底殷实的大伯父、二伯父呢？其实，我们在前文有所叙述，虽说兄弟连心，但是经过分家之后，各家过各家的，往来自然不会太多。此外，豪门子弟往往重视利益过于亲情，像民间普通百姓家兄妹之间往来，在豪门之间是要冷淡得多的。

豪贵子弟沦落到吃野菜度日，这种巨大的落差自然给杜牧造成了极大的影响。不过，盛衰际遇原本就是常事，更何况这种苦难对杜牧来说，是人生中极为痛苦但有极为珍贵的一段经历，这段经历造就了日后的杜牧。否则，我们很难想象，不曾苦过的人会能将黎民之苦、百姓的颠沛流离写得那般真切。

第十五章

科 举

博览群书

某自此谓幼所读《礼》，真妄人之言，不足取信，不足为教。及年二十，始读《尚书》《毛诗》《左传》《国语》、十三代史书，见其树立其国，灭亡其国，未始不由兵也。

——杜牧《注孙子序》

老话说，靠山山会倒，靠人人会跑。在人生的旅途上，最值得的依靠的是自己，如果自己不努力、不勤快，那么就算天上掉馅饼，也很难抢得到。面对家庭巨变，从衣食无忧的小康之家转眼变成了“居无定所”，艰难度日，杜牧没有选择沉沦，没有变成不良少年，为非作歹，干些见不得人的勾当，而是立志复兴杜家。

那么靠什么复兴杜家呢？大唐帝国虽说是繁荣富庶，但依旧是封建社会，将国民分成四类：士、农、工、商，即把国民分成军士、农民、工匠、商贾四个阶层。很明显，在农本主义思想盛行的大唐帝国，商人地位低下，出身官宦之家的杜牧是不可能依靠经商而发财致富的，更何况杜牧在其父亲去世后主管家业期间，并没有展现其善于经商持家的本事，反而使家业迅速落败，进而沦落到寄人篱下的悲惨境地。所以，杜牧不会通过经商来复兴杜氏家业。

至于农民和工匠，地位也远不如“士”这一阶层，加上杜牧本身是官宦子弟，细皮嫩肉，不懂耕作和工艺制作，也无心耕作和学习工匠手艺，所以他也不太可能走像农民和工匠那样，走“勤劳致富”之路。

而选择科举之路，不仅可以鲤鱼跳龙门，光耀门楣，还能复兴杜家。所以，最终杜牧选择的是科举之路。

科举考试是中国的独创，它历史悠久，闻名于世，它与造纸术、指南针、火药及印刷术合称“五大发明”。它起起于隋唐，终于晚晴，前后持续了一千多年。对政府而言，它是选拔人才管理国家的工具；对民众而言，它是光宗耀祖、名利双收的敲门砖。

也正是因为科举考试于国于民有利，所以它生命力才如此旺盛。一般而言，科举考试分为三级：乡试、会试、殿试。乡试考场设立在地方省会城市，会试考场设立在首都礼部，殿试考场则设立在皇宫，主持者为皇帝本人。考试结果按分数高低来排列，前三名分别叫作状元、榜眼和探花。如果有人在乡试、会试、殿试中都拿到第一名，那么就叫连中三元。

那么，科举考什么呢？唐朝主考诗赋。跟现在要参加高考的学生全力学习要考的科目一样，唐朝要参加科举考试的学生也从小开始学习诗赋。杜牧也不例外，不过杜牧除了学习诗赋之外，还广学其他知识：

> 某幼读《礼》，至于“四郊多垒，卿大夫辱也”，谓其书真不虚说。年十六时，见盗起圈二三千里，系戮将相，族诛刺史及其官属，尸塞城郭，山东崩坏，殷殷焉声振朝廷。当其时，使将兵行诛者，则必壮健善击刺者，卿大夫行列进退，一如常时，笑歌嬉游，辄不为辱。非当辱不辱，以为山东乱事，非我辈所宜当知。某自此谓幼所读《礼》，真妄人之言，不足取信，不足为教。
>
> 及年二十，始读《尚书》《毛诗》《左传》《国语》、十三代史

书，见其树立其国，灭亡其国，未始不由兵也。主兵者圣贤材能多闻博识之士，则必树立其国也；壮健击刺不学之徒，则必败亡其国也。然后信知为国家者，兵最为大，非贤卿大夫不可堪任其事，苟有败灭，真卿大夫之辱，信不虚也。因求自古以兵著书列于后世可以教于后生者，凡十数家，且百万言。其孙武所著十三篇，自武死后凡千岁，将兵者有成者，有败者，勘其事迹，皆与武所著书一一相抵当，犹印圈模刻，一不差跌。武之所论，大约用仁义，使机权也。

尽信书不如无书。杜牧从小就不是书呆子，只相信书中的道理，相反，他会从现实中学习。小时候，他读儒家经典《礼》的时候，认为书里的内容说得很有道理，他像真理一样对待它。可是，现实给他浇了一盆冷水，16岁那年，他看到国家衰败，社会动荡不安，盗贼四起，上至身居高位的将领和宰相，下到低级官吏，不仅身首异处，就连其家人亲属都惨遭荼毒。

于是，杜牧开始改变想法，他认为士大夫要文武双全，而不应该只是会坐而论道的文官。于是，他从此用心研究兵书，尤其是《孙子兵法》，后来他注解《孙子十三篇》，并对当时军事问题提出意见。

23岁名满天下

呜呼！灭六国者，六国也，非秦也。族秦者，秦也，非天下也。嗟乎！使六国各爱其人，则足以拒秦；使秦复爱六国之人，则递三世可至万世而为君，谁得而族灭也？秦人不暇自哀，而后人哀之；后人哀之而不鉴之，亦使后人而复哀后人也。

——杜牧《阿房宫赋》

虽说杜牧非常希望通过科举考试来改变自身的命运，重新缔造杜家的辉煌，但是他并不是两耳不闻窗外事，一心只读圣贤书的人，而是关注国家大事，针砭时弊。唐宪宗即位后，一改姑息藩镇的政策，对抗命的藩镇进行镇压。对此，杜牧非常认同他的做法，并作《感怀诗》。

高文会隋季，提剑徇天意。
扶持万代人，步骤三皇地。
圣云继之神，神仍用文治。
德泽酌生灵，沉酣薰骨髓。
旄头骑箕尾，风尘蓟门起。

胡兵杀汉兵，尸满咸阳市。
宣皇走豪杰，谈笑开中否。
蟠联两河间，烬萌终不弭。
号为精兵处，齐蔡燕赵魏。
合环千里疆，争为一家事。
逆子嫁虏孙，西邻聘东里。
急热同手足，唱和如宫徵。
法制自作为，礼文争僭拟。
压阶螭斗角，画屋龙交尾。
署纸日替名，分财赏称赐。
刳隍咸万寻，缭垣叠千雉。
誓将付孱孙，血绝然方已。
九庙仗神灵，四海为输委。
如何七十年，汗赩含羞耻？
韩彭不再生，英卫皆为鬼。
凶门爪牙辈，穰穰如儿戏。
累圣但日吁，阃外将谁寄？
屯田数十万，堤防常慑惴。
急征赴军须，厚赋资凶器。
因隳画一法，且逐随时利。
流品极蒙龙，网罗渐离弛。
夷狄日开张，黎元愈憔悴。
邈矣远太平，萧然尽烦费。
至于贞元末，风流恣绮靡。
艰极泰循来，元和圣天子。
元和圣天子，英明汤武上。

茅茨覆宫殿，封章绽帷帐。
伍旅拔雄儿，梦卜庸真相。
勃云走轰霆，河南一平荡。
继于长庆初，燕赵终舁襁。
携妻负子来，北阙争顿颡。
故老抚儿孙，尔生今有望。
茹鲠喉尚隘，负重力未壮。
坐幄无奇兵，吞舟漏疏网。
骨添蓟垣沙，血涨滹沱浪。
只云徒有征，安能问无状？
一日五诸侯，奔亡如鸟往。
取之难梯天，失之易反掌。
苍然太行路，剪剪还榛莽。
关西贱男子，誓肉虏杯羹。
请数系虏事，谁其为我听？
荡荡乾坤大，曈曈日月明。
叱起文武业，可以豁洪溟。
安得封域内，长有扈苗征！
七十里百里，彼亦何常争。
往往念所至，得醉愁苏醒。
韬舌辱壮心，叫阍无助声。
聊书感怀韵，焚之遗贾生。

杜牧在诗中鞭挞了藩镇的飞扬跋扈，讥讽了朝廷的无能，同时又表达出自己空有一身才能却报国无门的心情。该诗以历史进程为经，以感情的起伏为纬，经纬交织，熔叙事、抒情、写景和政论于一炉，是一篇佳作，有“诗史”之称，与杜甫的《北征》、李商隐的《行次西郊作一百韵》相媲美。

不过，杜牧眼中的“元和圣天子”并没有将削藩进行到底，而是大兴土木，骄纵享受，任用奸臣为相，导致朝政日益败坏。后来，唐宪宗被宦官害死，李恒即位，是为唐穆宗。唐穆宗没有雄才伟略，没有治国理政之才能，天天耽于逸乐，而宰相萧挽、段文昌等人，没有长远的政治眼光，导致唐宪宗的削藩政绩荡然无存，藩镇势力再度强大起来，威胁到中央政府的统治。

对此，杜牧作《罪言》《战论》《守论》《上周相公书》等文，批评唐穆宗的昏庸无能。不过，由于唐穆宗沉迷酒色，又好金丹，身体很快就垮掉，在位4年后驾崩。其子李湛即位，是为唐敬宗。

如果李湛能够力挽狂澜，那么大唐帝国的辉煌或许还会重现，但是他是一个童心未泯的少年，根本不关心国家大事，天天不是打球，就是半夜去抓狐狸，并下令大修宫殿，喜好声色犬马。

针对这种情况，杜牧写了名垂千古的《阿房宫赋》来讽刺唐敬宗：

> 六王毕，四海一；蜀山兀，阿房出。覆压三百余里，隔离天日。骊山北构而西折，直走咸阳。二川溶溶，流入宫墙。五步一楼，十步一阁；廊腰缦回，檐牙高啄；各抱地势，钩心斗角。盘盘焉，囷囷焉，蜂房水涡，矗不知乎几千万落！长桥卧波，未云何龙？复道行空，不霁何虹？高低冥迷，不知西东。歌台暖响，春光融融；舞殿冷袖，风雨凄凄。一日之内，一宫之间，而气候不齐。
>
> 妃嫔媵嫱，王子皇孙，辞楼下殿，辇来于秦，朝歌夜弦，为秦宫人。明星荧荧，开妆镜也；绿云扰扰，梳晓鬟也；渭流涨腻，弃脂水也；烟斜雾横，焚椒兰也；雷霆乍惊，宫车过也；辘辘远听，杳不知其所之也。一肌一容，尽态极妍，缦立远视，而望幸焉；有不得见者，三十六年。
>
> 燕、赵之收藏，韩、魏之经营，齐、楚之精英，几世几年，摽掠其

人，倚叠如山。一旦不能有，输来其间。鼎铛玉石，金块珠砾，弃掷逦迤，秦人视之，亦不甚惜。

嗟乎！一人之心，千万人之心也。秦爱纷奢，人亦念其家；奈何取之尽锱铢，用之如泥沙？使负栋之柱，多于南亩之农夫；架梁之椽，多于机上之工女；钉头磷磷，多于在庾之粟粒；瓦缝参差，多于周身之帛缕；直栏横槛，多于九土之城郭；管弦呕哑，多于市人之言语。使天下之人，不敢言而敢怒；独夫之心，日益骄固。戍卒叫，函谷举；楚人一炬，可怜焦土。

呜呼！灭六国者，六国也，非秦也。族秦者，秦也，非天下也。嗟乎！使六国各爱其人，则足以拒秦；使秦复爱六国之人，则递三世可至万世而为君，谁得而族灭也？秦人不暇自哀，而后人哀之；后人哀之而不鉴之，亦使后人而复哀后人也。

《古文观止》的编选者评论说："（《阿房宫赋》）前幅极写阿房之瑰丽，不是羡慕其奢华，正以见骄横敛怨之至，而民不堪命也，便伏有不爱六国之人意在。所以一炬之后回视向来瑰丽，亦复何有！以下因尽情痛悼之，为隋广、叔宝等人炯戒，尤有关治体。不若《上林》《子虚》，徒逢君之过也。"

虽说皇帝昏庸无能，但是杜牧还是希望通过自己的努力为大唐帝国贡献自己的一分力量，于是他在科举之路上继续努力。

进士及第

东都放榜未花开，三十三人走马回。秦地少年多酿酒，已将春色入关来。

——杜牧《及第后寄长安故人》

从十五六岁开始到二十六岁左右，杜牧既博览群书，也游走于周边地区，结交好友，关心时政，针砭时弊。随着年龄的增长、阅历的增多，加上博学多才，下笔成文，七步成诗，杜牧很快在文人圈中占有一席之地。此外，由于杜牧是宰相杜佑的孙子，其家族有人在朝廷为官，因此他在官宦子弟中也有一定的地位。

博学多才加上有一定的背景，使得杜佑在科举之路上颇为有利。但是，这只是相对的，相比于贫寒子弟，杜牧出身官宦之家确实有优势，但是相比于那些有权有势的官宦子弟，杜佑的优势便不值一提，这点在后面便可以得到证实。此外，唐朝科举制度选拔人才异常严格而且人数较少。

唐朝以科举取士，科目繁多，主要的是明经与进士两科，而进士科尤其为当时人之所重视。进士科非常难考，有“三十老明经，五十少进士”之说。进士每年考一次，应考者很多，有时候近千人，但最终只录取二三十人，最多不超过五十人。其竞争之激烈可见一斑。但考中进士后，得以担任官职，前途一片光明，这也是为何无数人明知竞争激烈却又奋不顾身的原因。

当然，权贵子弟自然是不必参加科举考试的，他们可以通过门荫，直接跳过科举考试而成为国家公务员。杜牧的父亲、伯父等人就是通过门荫而得到官职的。不过，对于家业早已没落的杜牧来说，很难获得多少优势。因此，杜牧只得参加科举考试。

跟现在的高考不一样，当时的科举考试，有一种风气是，只要应进士举的读书人，都可以将自己的作品送给达官贵人，甚至是主考官，博取好名声，以便中举，这在当时称为“通榜”。杜牧得以中举就是跟当时的朝廷官员力荐有关，或者说，如果没有这位伯乐的鼎力推荐，杜牧也许会落榜。事情是这样的：

唐文宗大和二年，唐朝的科举考试刚好在洛阳，杜牧等人奔赴洛阳考试。赶考前，他将《阿房宫赋》送给太学博士吴武陵[①]。此人读后大发感慨，感觉杜牧是大唐的人才，不中状元都说不过去。于是，他经常在长安的文人圈中夸赞杜牧，想在科举考试的时候推荐一下杜牧。

后来，朝廷任命礼部侍郎崔郾到东都洛阳主持进士考试，众多名流听说后，纷纷前去给他践行。酒过三巡，众多名流都夸赞自家子弟如何多才，如何儒雅。就在这个时候，吴武陵骑着马慢悠悠地往这里来。一看是太学博士吴武陵，崔郾立马赶紧迎了出来作揖。吴武陵也不客气，开门见山，说道：“你要为天子求贤才，我也来帮帮忙吧！”说完后，他就将杜牧所写的《阿房宫赋》拿给崔郾看。

又是来“走后门”的，太学博士也不能免俗啊！崔郾心里暗想，但碍于情面，只好接过来读下去：“六王毕，四海一，蜀山兀，阿房出……”由于开头写得简洁有力，崔郾竟然一口气读完，满座宾客听后也无不叹服，高赞

① 吴武陵，信州人，元和初，举进士及第，长庆初，窦易直以户部侍郎判度支，任命吴武陵在北边主持盐务，后来又到长安做太学博士。

此篇文章文采斐然。

看到大家都如此一致地赞赏这篇文章，吴武陵便直接对崔郾说：“写这篇赋的年轻人这次也参加进士考试，请你取他做第一名吧！”虽说杜牧文采确实不错，可以当状元，但是状元早已内定了，于是他尴尬地笑道：“不好意思，第一名已经有人选了。”

吴武陵一听，知道是潜规则，就说：“那就第二名吧！”

崔郾非常不好意思，说：“第二名也有人了……”

吴武陵一直问到第五名，崔郾还是没有答应，这个时候吴武陵不高兴了，他把脸一沉，说：“如果第五名都不行，就把那篇赋还给我！”崔郾这才应道：“好吧好吧，就按您说的办吧！”

紧接着，崔郾转向宾客说道：“刚才太学博士推荐一位第五名进士。”有人便问道：“是谁？”崔郾说:“杜牧。”这时候，有人就说杜牧这个人不拘小节，行为有些放荡，不适合录用。但是，崔郾已经答应了吴武陵，便说道：“我已经答应了吴博士，现在就算杜牧是个屠夫，我也不能改变主意。”

这些，杜牧一概不知。他只管奔赴洛阳参加科举考试。这次考试，朝廷一共录取了33人，状元是韦筹，同举进士及第可考者尚有厉元、钟格、崔黯等，其中杜牧名列第五。

虽说中了进士，但是按照唐朝的制度，进士及第后，必须到吏部参加应关试，才能够得到官职。所以，杜牧就马不停蹄地赶往长安，在这途中，他写了一首诗《及第后寄长安故人》以示庆贺：

东都放榜未花开，三十三人走马回。
秦地少年多酿酒，已将春色入关来。

杜牧到长安后，又赶上参加制举的考试。这种考试在唐朝较为特殊，是为选拔非常人才而设定的，不是年年举行，而是不定期进行，考试由皇帝亲自主持。其考试内容有诸多科目，杜牧所考的是贤良方正直言极谏科。

大和二年三月二十五日，唐文宗亲自到宣政殿主持考试，考官是左散骑常侍冯宿、太常少卿贾谏、库部郎中庞严。闰三月初九，朝廷放榜：裴休、裴素、李甘、李都等19人被录取，其中包括杜牧。

第十六章

府　　吏

京官当不惯

事故吏部于钟陵、宣城为幕吏，两府凡五年间。

——杜牧《唐故平卢军节度巡官陇西李府君墓志铭》

朝为田舍郎，暮登天子堂。就像近代流行的“知识改变命运”一样，在封建时代，科举对封建时代民众的人生有着极为重要的影响，它可以改变人们的命运，甚至其家族的命运。

考中进士后，杜牧不但解决了就业问题，而且光耀了门楣。这是他恢复杜氏家业迈出的关键一步。对此，风华正茂的杜牧自然是喜上眉梢，他对前途充满了信心。

放榜之后不久，杜牧就被朝廷任命为弘文馆校书郎、试左武卫兵曹参军。弘文馆在唐初设置，属门下省，是撰著文史、鸠聚学徒的地方。弘文馆设置馆主一人，总领全馆事务；设置学士，专门负责校正图籍，教授生徒，遇到制度沿革、礼仪轻重时参与讨论；设置校书郎，官阶从九品上，负责校理典籍，刊正错谬；学生数十人，都是皇亲国戚、权贵子弟。

左武卫是唐朝十六卫之一，是唐朝主力军编制，设置如下：

上将军一人，大将军一人，将军二人。凡翊府之翊卫、外府熊渠番上者，分配之。长史一人，录事参军事一人，仓曹参军事二人，兵曹参军事二人，骑曹参军事一人，胄曹参军事一人，左右司阶二人，左右中候三人，左右司戈五人，左右执戟五人，长上二十五人。其中，兵曹参军是正八品下的官职。

虽说杜牧的官职不高，但是前途似锦，不管是弘文馆还是左武卫，都是重要的国家机构，只要杜牧善于逢迎，很快就能够晋升，继而担任重要职务。

然而，出乎意料的是，杜牧只做了半年京官，就决定到地方担任幕僚。大和二年十月，他跟随沈传师到江西观察使府做幕僚去了。放着大好前程不要，非要到地方去任职，很多人想不明白。其实，杜牧这样做是有他道理的。

首先，杜牧是文艺青年，平时较为懒散，不喜欢过受各种约束的生活。其次，官场的潜规则令杜牧难以适应。尔虞我诈、笑里藏刀、相互倾轧等政治斗争，使杜牧难以适应。因此，就在沈传师南调的时候，他就决定跟着离开政治中心，到地方过逍遥日子去。

在当时，这个沈传师也不是一般的人物。他的父亲是大名鼎鼎的沈既济，博通群书，尤工史笔，不仅写有《建中实录》，还撰写了传奇小说《枕中记》《任氏传》等。其所写文章文采斐然，鲁迅先生在《中国小说史略》第八篇《唐之传奇文》中这样评价他“文笔简练，又多规悔之意”。

有其父必有其子，沈传师继承家学，聪敏好学，擅长正、行、草书，所写作品与欧阳询、虞世南、褚遂良、柳公权等并列为妙品。长大后，他参加科举考试，高中进士，历任太子校书郎、翰林学士、中书舍人等。由于杜牧的祖父与沈既济往来密切，对沈传师也非常赏识，就将自己的表甥女嫁给他。因此，可以说，杜、沈两家既是世交，又是亲戚。

杜牧在京为官的时候，沈传师担任中书舍人。大和二年十月，沈传师以尚书右丞外放为江西观察使。得知这个消息后，不少人走后门，想让沈传师带着他们的子弟到地方历练，积累政治资本。虽说沈传师有汲引人才之名，但是他想汲引真才实学的人才，而不是纨绔子弟，便一一回绝。事实上，他早有人选，他向杜牧发出邀请，想要招他为幕僚。

原本就过得压抑的杜牧，很快就同意了。于是，沈传师辟杜牧为江西团练巡官、试大理评事，奔赴洪州（洪州治所南昌，今江西南昌）。此后五年，杜牧一直在沈传师身边做幕僚，在洪州、宣州等地工作生活。

观察使府幕僚的主要工作是处理公文，这对杜牧来说有些困难。他做官不到一年时间，对政府运作机制和工作规范尚不熟悉，很多公文写作更是无从下手。好在江西团练副使卢弘止①是个热心的人，且非常欣赏杜牧的文才，对杜牧很是照顾，凡是杜牧不清楚的，他都不厌其烦地讲解。在卢弘止的帮助下，杜牧对工作可以说是得心应手。

---

① 卢弘止是中唐著名诗人卢纶之子，卢弘止的哥哥简辞，弟弟简求，后来都同杜牧相熟。

风流才子风流事

杜秋，金陵女也。年十五，为李锜妾。后锜叛灭，籍之入宫，有宠于景陵。穆宗即位，命秋为皇子傅姆。皇子壮，封漳王。郑注用事，诬丞相欲去已者，指王为根。王被罪废削，秋因赐归故乡。予过金陵，感其穷且老，为之赋诗。

——杜牧《杜秋娘诗序》

工作闲暇之余，杜牧的主要生活便是“宴游”，惹下了一桩桩风流债。唐朝时期，观察、节度或刺史的治所都有官妓。每当官僚们举办宴会，这些官妓便要前来歌舞助兴。

杜牧抵达南昌的第二年，也就是公元829年，年仅13岁、名叫张好好的歌女来到乐籍中。有一次，沈传师带着官员们来到滕王阁参加宴会，张好好奉命歌唱。众人都被张好好的歌声所吸引，沈传师笑逐颜开，送她天马锦、犀角梳。杜牧对张好好的歌声也是“赞誉有加”。从此之后，张好好成了江西观察使府官员中的“红人”，凡是春秋佳日有宴会，必有张好好娇小的身影，杜牧更是经常与张好好相会。后来，沈传师调任宣州观察使，张好好也是随身而行。再后来，沈传师的弟弟、曾任集贤校理的沈述师对张好好一见

滕王阁

钟情，纳其为妾。就算这样，杜牧还是经常去沈述师家做客，并写诗赠送给张好好。再后来，张好好被抛弃，只得当垆卖酒，杜牧也没有轻视，这是后话，暂且不表。

除了张好好，杜牧的风流还体现在为未曾谋面的佳人写诗。杜牧在京口（润州丹徒县，今江苏镇江市，唐浙西观察使治所）与群友畅聊时听说了杜秋娘的故事，便挥笔写了著名的《杜秋娘诗》。

杜秋，金陵女也。年十五，为李锜妾。后锜叛灭，籍之入宫，有宠于景陵。穆宗即位，命秋为皇子傅姆。皇子壮，封漳王。郑注用事，诬丞相欲去己者，指王为根。王被罪废削，秋因赐归故乡。予过金陵，感其穷且老，为之赋诗。

京江水清滑，生女白如脂。其间杜秋者，不劳朱粉施。
老濞即山铸，后庭千双眉。秋持玉斝醉，与唱金缕衣。
濞既白首叛，秋亦红泪滋。吴江落日渡，灞岸绿杨垂。
联裾见天子，盼眄独依依。椒壁悬锦幕，镜奁蟠蛟螭。
低鬟认新宠，窈袅复融怡。月上白璧门，桂影凉参差。
金阶露新重，闲捻紫箫吹。莓苔夹城路，南苑雁初飞。
红粉羽林仗，独赐辟邪旗。归来煮豹胎，餍饫不能饴。
咸池升日庆，铜雀分香悲。雷音后车远，事往落花时。
燕禖得皇子，壮发绿緌緌。画堂授傅姆，天人亲捧持。
虎睛珠络褓，金盘犀镇帷。长杨射熊罴，武帐弄哑咿。

渐抛竹马剧，稍出舞鸡奇。嶄嶄整冠佩，侍宴坐瑶池。
眉宇俨图画，神秀射朝辉。一尺桐偶人，江充知自欺。
王幽茅土削，秋放故乡归。觚稜拂斗极，回首尚迟迟。
四朝三十载，似梦复疑非。潼关识旧吏，吏发已如丝。
却唤吴江渡，舟人哪得知？归来四邻改，茂苑草菲菲。
清血洒不尽，仰天知问谁？寒衣一匹素，夜借邻人机。
我昨金陵过，闻之为歔欷。自古皆一贯，变化安能推？
夏姬灭两国，逃作巫臣姬。西子下姑苏，一舸逐鸱夷。
织室魏豹俘，作汉太平基。误置代籍中，两朝尊母仪。
光武绍高祖，本系生唐儿。珊瑚破高齐，作婢舂黄糜。
萧后去扬州，突厥为阏氏。女子固不定，士林亦难期。
射钩后呼父，钓翁王者师。无国要孟子，有人毁仲尼。
秦国逐客令，柄归丞相斯。安知魏齐首，见断箦中尸？
给丧蹶张辈，廊庙冠峨危。珥貂七叶贵，何妨戎虏支？
苏武却生返，邓通终死饥。主张既难测，翻覆亦其宜。
地尽有何物？天外复何之？指何为而捉？足何为而驰？
耳何为而听？目何为而窥？己身不自晓，此外何思惟？
因倾一樽酒，题作杜秋诗。愁来独长咏，聊可以自怡。

杜秋娘，润州人，出生于普通家庭，天生丽质，长到十五六岁的时候，越发漂亮，是十里八村公认的美人。住在润州的镇海节度使李锜听说后，便纳其为妾。杜秋娘虽说是普通人家的孩子，但是她也学了点曲子，能唱《金缕衣》：“劝君莫惜金缕衣，劝君须惜少年时。花开堪折只须折，莫待无花空折枝。”

李锜非常喜欢这个曲子，也非常宠杜秋娘。但是，这种幸福生活并没有延续多长时间，唐宪宗元和初，李锜谋反，兵败被杀，杜秋娘等人被没入宫禁。

由于杜秋娘长得漂亮，很快就被唐宪宗看上，成为唐宪宗的“宠妃”。就这样，杜秋娘过了几年较为安稳的生活，不过，随着唐宪宗驾崩，杜秋娘便只能去做皇子李凑（唐文宗弟弟）的傅姆。

按理说，作为皇子的傅姆，生活也倒还无忧。但是，宫廷斗争无处不在。唐文宗任命宋申锡为宰相，准备除掉宦官王守澄及其门客郑注，但宋申锡用错人，竟然推荐首鼠两端的王璠，王璠将事情泄露给王守澄等人。结果，对方诬告李凑想谋反。最终，李凑被贬为巢县公，杜秋娘则被遣还乡。被遣还乡后，杜秋娘的生活一落千丈，生活困苦，想要一匹素绢，都要向邻人借机子。

投奔牛僧儒

炀帝雷塘土，迷藏有旧楼。谁家唱水调？明月满扬州。骏马宜闲出，千金好暗游。喧阗醉年少，半脱紫茸裘。

——杜牧《怀钟陵旧游》

公元833年，朝廷发布诏令，调沈传师进京，担任礼部侍郎，调江西观察史裴谊到宣州任职。

接到任命后，裴谊带着自己的幕僚团队来到宣州，沈传师与其交接工作。工作交接完毕，沈传师便起身赶往京城，此次他没有带杜牧回京。至此，杜牧在沈传师身边做幕僚的生活结束了。虽说这段幕僚生活只有不到5年的时间，但是杜牧对沈传师的知遇之恩非常感激，他在沈传师去世后，写了《唐故尚书吏部侍郎赠吏部尚书沈公行状》赞扬沈传师，他写道：“牧分实通家，义推先执，复以屏昧，叨在宾席，幼熟鼓行，长奉指教，泣涕撰记，以备遗胭。”后来，杜牧经常怀念这段做幕僚的生活，并写诗纪念，如《怀钟陵旧游四首》之一：

一谒征南最少年，虞卿双璧截肪鲜。

歌谣千里春长暖，丝管高台月正圆。
玉帐军筹罗俊彦，绛帷环佩立神仙。
陆公余德机云在，如我酬恩合执鞭。

沈传师一走，杜牧就“失业了”。此时主政宣州的裴谊已经有幕僚，不需要杜牧做幕僚，杜牧只能自己找出路。好在这个时候，牛僧孺给他发来邀请函，请他当推官[①]。

牛僧孺是大唐帝国晚期一位极为重要的政治人物，后来的牛李党争中牛派的首领人物。牛僧孺，进士出身，为人也较为正直，刚刚入朝为官就和李宗闵等人批评时政，惹怒当时的宰相李吉甫而得不到重用。后来，外调地方，担任淮南节度使。

杜牧在江西、宣州两府任幕职期间，与牛僧孺有过往来。公元833年春，杜牧奉沈传师之命到扬州（江苏扬州）聘问淮南节度使牛僧孺，两人相互赏识，自此往来较为密切。杜牧还曾写诗寄给牛僧孺：

汉水横冲蜀浪分，危楼点的拂孤云。
六年仁政讴歌去，柳远春堤处处闻。

所以，在沈传师离开宣州不久，杜牧就从宣州启程前往扬州，开始自己的新生活。在扬州，他先是担任推官的职务，后来转为掌书记[②]，这一年，他31岁。

在唐代，掌书记是一个相当重要的职位，节度使往往公务繁忙，无暇管理众多事务，“凡文辞之事，皆出书记，非阂辨通敏兼人之才莫宜居之”。

---

① 推官，官名，唐朝始置，掌推勾狱讼之事。

② 掌书记，全名节度掌书记秩为从八品，为掌管一路军政、民政机关之机要秘书。

牛僧孺任命杜牧为掌书记，可见牛僧孺对杜牧的赏识和重视。

在唐代，扬州是一个繁华的商业都市，商业繁盛，人口众多，饮食歌舞等娱乐也全国有名。许多唐朝诗人一到扬州就赞不绝口，如杜牧的好友张祜就写有:“十里长街市井连，月明桥上看神仙。人生只合扬州死，禅智山光好墓田。”杜牧也写了《扬州三首》，描写扬州的繁华:

其一

炀帝雷塘土，迷藏有旧楼。
谁家唱水调？明月满扬州。
骏马宜闲出，千金好暗游。
喧阗醉年少，半脱紫茸裘。

其二

秋风放萤苑，春草斗鸡台。
金络擎雕去，鸾环拾翠来。
蜀船红锦重，越橐水沈堆。
处处皆华表，淮王奈却回。

我们上文提及，杜牧是有贵族公子的习气，喜好声色歌舞，而扬州又是一个纸醉金迷的地方，所以，杜牧经常寻花问柳。白天公事办完之后，杜牧经常一离开办公室就去十里长街游玩。

每次看到杜牧离开府衙，牛僧孺便无奈地摇了摇头，然后命令身边的人跟随他，组建了一支30人的便衣护卫队暗中保护杜牧，生怕杜牧在声色场所受欺负。对此，杜牧一点也没有察觉。直到大和九年，朝廷调杜牧进京担任监察御史时，牛僧孺才在践行宴会上对他说：“你英雄豪迈，前途自然不可限量，但是我非常担心你的身体，在风花雪月方面你应该有所节制。”

对于老上司的劝谏，杜牧一本正经地说："大人，我平时很检点，您不必担心。"牛僧孺听后，笑而不答，而是让仆人将小书匣取来，当着杜牧的面打开，里面都是便衣护卫队的密报，上面写着："某夜，杜书记过某家，无恙。"杜牧看后脸一下子红了起来，对牛僧孺表示感谢。

监察御史分司东都

牧大和三年，佐故吏部沈公江西幕，好好年十三，始以善歌来乐籍中。后一岁，公移镇宣城，复置好好于宣城籍中。后二岁，为沈著作以双鬟纳之。后二岁，于洛阳东城重睹好好，感旧伤怀，故题诗赠之。

——杜牧《张好好诗》

公元835年，杜牧离开扬州赶往京城担任监察御史。

虽然说监察御史的品级不高，只有正八品上，但是其职权可不低，主要职责是分察百僚，巡按郡县，纠视刑狱，肃整朝仪，是一个较为重要的职位。杜牧是有远大政治抱负的人，所以他对这次进京抱有很高的期望，希望能够在大唐帝国的官场上做出一番事业来。

然而，残酷的现实不但让他无法如愿，而且差点将他卷入政治旋涡。事情是这样的：

唐文宗依旧想除掉宦官集团。虽说上次宦官诬告宋申锡谋立漳王，导致铲除宦官集团的计划胎死腹中，但是唐文宗依旧组建自己的人马，准备和宦官集团开战。这一次，他重用郑注、李训。

按理说，郑注是宦官王守澄集团的人，为何又转投唐文宗呢？这话还得从头说起。郑注这个人，原本就是一个奸诈反复的小人，他通医术，性机警，巧舌如簧，非常会讨人喜欢。他也就是这样靠近宦官王守澄的。当时，王守澄在徐州做监军，听说郑注作威作福，便让人把郑注叫来，准备责罚一番。不料，郑注善于察言观色，挑王守澄喜欢听的讲，令王守澄心花怒放，结果不但没有受到惩罚，反而得到王守澄的重用。

王守澄高升，郑注自然也高升，跟着王守澄到长安做事。“宋申锡事件”发生后，唐文宗看明白这是宦官集团搞的鬼，便想杀郑注。不过，唐文宗中风后，郑注给他看病并让唐文宗病情好转，反而受到唐文宗的宠信。于是，郑注成了唐文宗的心腹。

李训，本名仲言，后来改名训。唐敬宗时期，他因为获罪而被流放于象州，遇赦得还。他和郑注原本相识，来到长安后，他投靠郑注，得以升官。由于他本人长相英俊，且善于写诗，还能言善辩，很讨唐文宗的喜欢，很快也成了唐文宗的心腹。

跟在唐文宗身边久了，他们便看出唐文宗的心思：除掉宦官集团。于是，他们两个便主动询问唐文宗是否有意除掉王守澄等人。唐文宗一看这两人果然聪明懂事，加上这两人原本是王守澄的心腹，应该不会引起宦官的怀疑，于是便将真实意图告诉他们两个。

李训和郑注认为，与其做宦官的跟班，倒不如跟随唐文宗灭了宦官，自己成为大功臣。于是，他们两个边开始“招兵买马”，积极谋划，准备灭了王守澄。

杜牧进京时，李训、郑注显赫一时，当时李训正做国子监《周易》博士，充翰林侍讲学士，郑注任太仆卿，兼御史大夫，并有传言，郑注将当宰相。看到政治斗争这么激烈，杜牧便以身体有病为借口，请求外调。朝廷想也没想，随即让他以监察御史分司东都（洛阳）。

杜牧的“置身事外”救了自己一命：这年11月，大唐帝国首都发生了重大的历史事件——“甘露之变”。获得唐文宗宠信的李训和郑注很快就联络了一大批反对宦官的官员，准备对宦官王守澄下手。为了保证计划万无一失，唐文宗任命李训为宰相，任命郑注为凤翔节度使（凤翔节度使治所在雍县，今陕西凤翔），内外配合，准备一举铲除王守澄集团。11月21日，左金吾卫大将军韩约奏称，金吾大厅后石榴树上夜降甘露，是吉兆，唐文宗命令百官前去观看，李训看后上报说："这恐怕不是真甘露，不可宣布。"唐文宗就让宦官仇士良、鱼弘志带其他宦官们去看。李训的计划是，趁此机会将宦官一举消灭。不料，仇士良前去查看时看到韩约变色流汗。一看形势不对，仇士良立马跑回去带着唐文宗"进宫"，然后命令500名精锐围剿"叛军"。结果，李训、郑注、王璠、郭行余、罗立言、李孝本、韩约等被捕杀，宰相王涯、舒元舆、贾谏等人被腰斩。

跟政治中心长安的血雨腥风不一样，杜牧所任职的洛阳则是另一番景象。洛阳地处中原，交通便利，隋炀帝曾在此大兴土木，有不少的宫殿苑囿。唐朝建立初期，曾经撤销洛阳，但是唐高宗时期，洛阳重新被定为东都。武则天时期，由于武则天常常居住在洛阳，因此洛阳更加繁华，并一度被称为神都。

杜牧抵达洛阳不久，就碰到了一位故人，这位故人正是前文所说的张好好。张好好在宣州时被沈述师纳为妾，可是不知道什么原因，沈述师竟然抛弃了她。离开了沈府，张好好便没有了生活来源，只能当垆卖酒。看到张好好这般情况，杜牧非常感慨，两人便坐下来畅聊。有感于张好好的遭遇和沈传师的故去，回想起过去，杜牧写了一首长篇古诗《张好好诗》：

牧大和三年，佐故吏部沈公江西幕，好好年十三，始以善歌来乐籍中。后一岁，公移镇宣城，复置好好于宣城籍中。后二岁，为沈著作以双鬟纳之。后二岁，于洛阳东城重睹好好，感旧伤怀，故题诗赠之。

君为豫章姝，十三才有余。
翠茁凤生尾，丹脸莲含跗。

高阁倚天半，章江联碧虚。
此地试君唱，特使华筵铺。
主公顾四座，始讶来踟蹰。
吴娃起引赞，低徊映长裾。
双鬟可高下，才过青罗襦。
盼盼乍垂袖，一声雏凤呼。
繁弦迸关纽，塞管裂圆芦。
众音不能逐，袅袅穿云衢。
主公再三叹，谓言天下殊。
赠之天马锦，副以水犀梳。
龙沙看秋浪，明月游东湖。
自此每相见，三日已为疏。
玉质随月满，艳态逐春舒。
绛唇渐轻巧，云步转虚徐。
旌旆忽东下，笙歌随舳舻。
霜凋谢楼树，沙暖句溪蒲。
身外任尘土，樽前极欢娱。
飘然集仙客，讽赋欺相如。
聘之碧瑶佩，载以紫云车。
洞闭水声远，月高蟾影孤。
尔来未几岁，散尽高阳徒。
洛城重相见，婥婥为当垆。
怪我苦何事，少年垂白须。
朋游今在否，落拓更能无？
门馆恸哭后，水云秋景初。
斜日挂衰柳，凉风生座隅。

酒尽满襟泪，短歌聊一书。

虽说杜牧喜欢寻花问柳，但是他确实是颇富同情心的人，没有因为张好好是歌女而瞧不起她，相反他把张好好当成朋友，并写诗聊表同情。

都留台分司的监察御史，职务清闲，杜牧有大把的时间，他就经常闲游，凭吊古迹，写下了不少名篇佳作。如《洛阳长句二首》：

其一

草色人心相与闲，是非名利有无间。

桥横落照虹堪画，树锁千门鸟自还。

芝盖不来云杳杳，仙舟何处水潺潺？

君王谦让泥金事，苍翠空高万岁山。

其二

天汉东穿白玉京，日华浮动翠光生。

桥边游女佩环委，波底上阳金碧明。

月锁名园孤鹤唳，川酣秋梦凿龙声。

连昌绣岭行宫在，玉辇何时父老迎？

光阴似箭，三年很快过去了。公元838年冬，朝廷似乎想起了杜牧，便给他下了调令：迁官左补阙、史馆修撰。清闲了三年多的杜牧又得再次回京任职。

第十七章

刺　史

李德裕当宰相

会昌之政，柄者为谁？忿忍阴污，多逐良善。牧实吞幸，亦在遣中。黄冈大泽，葭苇之场。

——杜牧《祭周相公文》

公元839年，春寒料峭，杜牧便收拾行装，准备从洛阳赶往长安。

在离开洛阳之前，杜牧有一个难题急需解决，那就是如何安排他害眼病失明的弟弟。自从杜牧的弟弟得了眼病，杜牧便时常照顾他。现在杜牧要离开洛阳，赶往长安，其弟弟何去何从便是问题，如果带着弟弟去长安，杜牧在京为官的俸禄微薄，而且杜牧在长安也没有什么产业，如何维持一大家子的生活？

好在这个时候，杜牧得知其堂兄杜悰刚好在江州做刺史（江州治所浔阳县，今江西九江），便写信给堂兄，希望他能够施以援手，弟弟的医药费、生活费则由自己负责。杜悰收到信后，便将杜顗一家接了过去。

弟弟有了安居之所后，杜牧便放心北上，于同年春末夏初抵达长安，担任左补阙、史馆修撰。

左补阙，从七品上，主要负责讽谏，大事廷议，小事上封事，是一个比较重要的职位。杜牧本想有一番作为，然而经过“甘露之变”后，宦官几乎掌控了朝局，而宰相杨嗣复等也都是庸庸碌碌之人，不求进取，朝政每况愈下。看到这种情况，壮志难酬的杜牧心境非常糟糕。

开成五年，杜牧升为膳部员外郎[①]。这看起来是好事，但事实上杜牧没做多久便外放了。

虽说杨嗣复等人尸位素餐，但是起码没有给杜牧难堪，但随着李德裕升任宰相，杜牧的日子就过得异常艰难了。李德裕是历史上赫赫有名的人物，是一代政治家、文学家、战略家，牛李党争中李党领袖。

李德裕是中书侍郎李吉甫次子。由于其父亲是中书侍郎，所以他无须参加科举考试便以门荫入仕，历任校书郎、监察御史、翰林学士、中书舍人、浙西观察使、兵部侍郎、郑滑节度使、西川节度使、兵部尚书、中书侍郎、镇海节度使、淮南节度使等职，历任宪宗、穆宗、敬宗、文宗四朝，曾经一度入朝为相，但是由于政治斗争异常激烈，他被排挤出京城。

不过，幸运之神眷顾着他。唐武宗即位后，他在宦官的举荐之下再度入朝为相，此后执政至唐武宗驾崩。李德裕是个有政治才能和政治抱负的人，在担任宰相5年多的时间，外攘回纥、内平泽潞、裁汰冗官、制驭宦官，政绩斐然，被拜为太尉，封卫国公，唐朝诗人李商隐称他为“万古良相”，梁启超则将他与管仲、商鞅、诸葛亮、王安石、张居正并列，称他是中国六大政治家之一。他和唐武宗的君臣相知也成为晚唐绝唱。不过，随着唐武宗的驾崩，唐宣宗的继位，李德裕从巅峰跌落谷底，被贬为崖州司户，并死于崖州。此是后话。

且说李德裕当上宰相后，对京官进行整顿，杜牧也不例外。在整顿中，杜牧被整顿出京城，外放为黄州刺史。按道理，李德裕家与杜牧家是世交，李德裕之父李吉甫曾经在杜佑手下当官，两人关系友好，而李德裕对杜牧的

① 膳部员外郎，从六品上，属礼部尚书，掌管朝廷的祭器、牲豆、酒膳，辨其品数及藏冰食料之事。

李德裕

弟弟也是非常器重，屡次予以提拔，按理李德裕也应该提拔杜牧才对。其次，李德裕讨伐泽潞，用兵回鹘，杜牧都曾上书论用兵方略，李德裕不也采纳其言吗？既然采纳其言，为何不重用杜牧呢？此外，既然李德裕是一位颇有作为的能臣，为何对一心报国的杜牧弃而不用呢？

关于这点，史书没有记载。根据杜牧自己的推测，自己的外放与李德裕的排挤有关。他在《祭周相公文》中曾说："会昌之政，柄者为谁？忿忍阴污，多逐良善。牧实吞幸，亦在遣中。黄冈大泽，葭苇之场。"他认为正是李德裕的排挤，才使得自己始终在外为官。

其实，李德裕"排挤"杜牧应该有多方面的原因。第一，杜牧虽然出身豪族，但是为人放荡不拘，经常寻花问柳，与李德裕倡导的谨守礼法不符。第二，杜牧性格耿直，不愿意卑躬屈膝，曲意逢迎，不受李德裕的待见。第三，牛李党争的影响。李德裕与牛僧儒是政敌，而杜牧曾经在牛僧儒手下当过官，且两人私交非常好，往来密切，李德裕认为杜牧是牛党。

公元842年，杜牧外放为黄州刺史，结束了京官生活，再度开启地方官生活。

黄州刺史

四十已云老，况逢忧窘余。且抽持板手，却展小年书。嗜酒狂嫌阮，知非晚笑蘧。闻流宁叹吒，待俗不亲疏。遇事知裁剪，操心识卷舒。还称二千石，于我意如何?

——杜牧《自遣》

公元842年，也就是40岁这年，杜牧前往黄州担任刺史。

唐代黄州，又名齐安郡，辖黄冈、黄破、麻城三县，治所在黄冈县（湖北黄冈）。根据史书记载，当时黄州“户不满二万，税钱才三万贯”，是一个比较穷僻的地方。这对杜牧来说，是一大考验。

从杜牧为官以来，他要么在使府任幕职，要么当京官，虽然有官职，但是没有直接治理一方的经历，也就缺少亲自治民的相关政治经验。现在他外放当刺史，要“专断刑罚，施行诏条”了。

虽说没有治理经验，但是杜牧还是倾尽全力，关心民间疾苦，急百姓之所急。安史之乱后，淮西节度使发动叛乱，黄州成为用兵之地。朝廷派遣武官主政，可这些武官横征暴敛，使得民众生活在水深火热之中。

杜牧到任后，对一些弊政进行革除，比如每逢伏腊节序，刺史衙门的官员便会向民众索要祭祀庆祝所用的酒肉及一切杂物，而下面的小官员更是十倍索取，老百姓苦不堪言。对此，杜牧亲自调查，一一除去。

此外，杜牧还对乡正村长进行约束。当时黄州境内有300位乡正村长，大多数是豪强，他们仗势欺人，鱼肉百姓。杜牧让人暗访，一一查明，并对那些骑在百姓头上作威作福的官员进行惩处。

晚唐的政治败坏，民众食不果腹，备受欺凌，杜牧所做的虽然是杯水车薪，但是在某种程度上展现了杜牧匡世济民的胸怀与为官的初心不改。

从进士及第到为官黄州，十五年过去了，杜牧的政治抱负始终未曾施展，想起这里，杜牧便给御史中丞李回写信《上李中丞书》，倾吐心中的不满：

> 某入仕十五年间，凡四年在京，其间卧疾乞假，复居其半。嗜酒好睡，其癖已痼，往往闭户，便经旬日，吊庆参请，多亦废阙。至于俯仰进趋，随意所在，希时徇势，不能逐人，是以官途之间，比之辈流，亦多困踬。自顾自念，守道不病，独处思省，亦不自悔。
>
> ……
>
> 某世业儒学，自高、曾至于某身，家风不坠，少小孜孜，至今不怠。性颛固不能通经，于治乱兴亡之迹，财赋兵甲之事，地形，之险易远近，古人之长短得失，中压即归廊庙，宰制在手，或因时事，召置堂下，坐之与语，此时回顾诸生，必期不辱恩奖。今者尚志未泯，齿发犹壮，敢希指顾，一罄肝胆，无任感激血诚之王。某恐惧再拜。

心中的郁闷无法派遣，只能借酒消愁。这年秋天菊花盛开，杜牧独自一人在刺史雁门的书斋里喝闷酒。喝着喝着，感慨横生，便写了下著名的《郡斋独酌》：

前年鬓生雪，今年须带霜。
时节序鳞次，古今同雁行。
甘英穷西海，四万到洛阳。
东南我所见，北可计幽荒。
中画一万国，角角棋布方。
地顽压不穴，天迥老不僵。
屈指百万世，过如霹雳忙。
人生落其内，何者为彭殇?
促束自系缚，儒衣宽且长。
旗亭雪中过，敢问当垆娘。
我爱李侍中，摽摽七尺强。
白羽八札弓，髀压绿檀枪。
风前略横阵，紫髯分两旁。
淮西万虎士，怒目不敢当。
功成赐宴麟德殿，猿超鹘掠广球场。
三千宫女侧头看，相排踏碎双明珰。
旌竿幖幖旗㸌㸌，意气横鞭归故乡。
我爱朱处士，三吴当中央。
罢亚百顷稻，西风吹半黄。
尚可活乡里，岂惟满囷仓?
后岭翠扑扑，前溪碧泱泱。
雾晓起凫雁，日晚下牛羊。
叔舅欲饮我，社瓮尔来尝。
伯姊子欲归，彼亦有壶浆。
西阡下柳坞，东陌绕荷塘。
姻亲骨肉舍，烟火遥相望。

太守政如水，长官贪似狼。
征输一云毕，任尔自存亡。
我昔造其室，羽仪鸾鹤翔。
交横碧流上，竹映琴书床。
出语无近俗，尧舜禹武汤。
问今天子少，谁人为栋梁？
我曰天子圣，晋公提纪纲。
联兵数十万，附海正诛沧。
谓言大义小不义，取易卷席如探囊。
犀甲吴兵斗弓弩，蛇矛燕戟驰锋芒。
岂知三载几百战，钩车不得望其墙。
答云此山外，有事同胡羌。
谁将国伐叛？话与钓鱼郎。
溪南重回首，一径出修篁。
尔来十三岁，斯人未曾忘。
往往自抚己，泪下神苍茫。
御史诏分洛，举趾何猖狂。
阙下谏官业，拜疏无文章。
寻僧解忧梦，乞酒缓愁肠。
岂为妻子计，未去山林藏。
平生五色线，愿补舜衣裳。
弦歌教燕赵，兰芷浴河湟。
腥膻一扫洒，凶狠皆披攘。
生人但眠食，寿域富农桑。
孤吟志在此，自亦笑荒唐。
江郡雨初霁，刀好截秋光。

池边成独酌，拥鼻菊枝香。
醺酣更唱太平曲，仁圣天子寿无疆。

可以说，杜牧在黄州的这段时间里，政治抱负得不到施展，心情抑郁，但是在诗歌创作上却收获颇丰。

公元844年9月，朝廷调杜牧为池州刺史，结束了杜牧两年多的黄州刺史生活。

池阳刺史

为别几时，多少欢悲。志业益广，不可窥知。长人之术，首为吏师。纵酒十日，舞袖徽垂。语公之余，且及其私。许以季女，配我长儿。莫云稚齿，可以指期。

——杜牧《祭故处州李使君文》

唐代池州，又名池阳郡，辖有四县：秋浦县、青阳县、至德县、石棣县。池州治所秋浦县（安徽贵池），在黄州东面。和黄州一样，池州也是人口少且僻远的一个小州。

此次前来，杜牧接的是好友李方玄的班。李方玄，又名方元，字景业，唐荆州人。他"聪明才敏，老成人争与之交"，在年轻时就与杜牧结识并成为至交好友，于公元841年出任池州刺史。

出任池州刺史后，李方玄可谓是尽心尽力，主政一方，杜牧在《唐故处州刺史李君墓志铭并序》中写道：

征拜起居郎，出为池州刺史。始至，创造籍簿，民被徭役者，科品高下，鳞次比比，一在我手，至当役役之，其未及者，吏不得弄。景业尝叹曰："沈约身年八十，手写簿书，盖为此也，使天下知造籍役民，民庶少活。"复定户税，得于豪滑沉浮者，凡七千户，衮入贫弱，不加其赋。堤州南五里，以涉为衢。凡裁减蠹民者十余事，城东南隅树九峰楼，见数千里。凿齐山北面，得洞穴，怪石不可名状，刊石于岩下，自纪其事。凡四年，政之利病，无不为而去之，罢去上道，老民攀哭。

这段话说的大概意思是：李方玄到达池州后，发现当地徭役很重，便以此为切入点，整顿赋税徭役，赢得全州百姓的拥护；紧接着，李方玄发现道路不通，便建造五里翠微堤，使得城区达齐山南北变通途，并在山上建造九峰楼，使得该山成为民众游览的热点地区；紧接着开发齐山北面，得左史洞，为齐山"第一洞天"。可以说，李方玄主政池州四年，政绩斐然。但是，就是这样一位好官，在黑暗的唐朝政局中，不仅没有得到奖赏和提拔，反而被诬告丢了官。

也就是因为李方玄被罢官，杜牧才被调来接任池州刺史。杜牧和李方玄的内心虽然都不痛快，但是见到好友还是非常高兴，两人轮流设宴，把酒言欢，持续了十天。高兴之余，李方玄甚至将他的小女儿许配给杜牧的长子。对于此次聚会，杜牧曾在日后追叙道：

为别几时，多少欢悲。
志业益广，不可窥知。
长人之术，首为吏师。
纵酒十日，舞袖徽垂。
语公之余，且及其私。
许以季女，配我长儿。
莫云稚齿，可以指期。

此次聚会之后，李方玄并没有从罢官事件的打击中恢复过来，而是在次年4月病逝，年仅43岁。得知噩耗，杜牧痛哭流涕，他亲自写了《祭故处州李使君文》来纪念这位志同道合的至交好友：

维会昌五年，岁次乙丑，某月日，池州刺史杜牧谨遣军事押衙王鏶，谨以清酌庶羞之奠，敬致祭于亡友李君起居之灵。

忆昔相遇，两未生须，京师众中，迹犹甚疏。一言道合，尽写有无。我于宣城，忝迹宾吏；君随幕府，东下继至。复与友人，故薛子威，邂逅释愿，如相为期，放论剧谈，各持是非。攻强讨深，张矛彀机，怒或艴赫，终成笑嬉。于后七年，君拜左史，来蜀西川，我官补阙。云愧我先，拜章请代，盖私我焉。我有家事，乞假南来，循出里第，君出离杯。令弟在席，恣为诙谐，耳热胆张，觥联相豕灰。我归坠马，一支几摧，君来我坐，侧倚旁隈。时闲酸吟，戏口犹开，云君我杀，以酒相加，忌我之才。及我南去，君刺池阳，我守黄冈，葭苇之场。唯君书信，前后相望，辞意纤悉，勉我自强。律我性情，补短裁长，一函每发，沉忧并忘。幸会交代，沿檝若飞，江山九月，凉风满衣。为别几时，多少欢悲，志业益广，不可窥知。长人之术，酋为吏师，纵酒十日，舞袖僛垂。语公之余，且及其私，许以季女，配我长儿。莫云稚齿，可以指期，各负少壮，轻后会时。寓居宣城，书札日驰，一疾不起，讣来犹疑。呜呼哀哉。

惟先仆射，俭德冠古，凡二十年，四领茅土，所至所治，曰人父母。官俸余半，委库不取，京师里第，蓬茅数亩。庆余生君，曰天酬补。何聪明才智兮，不使施为？何付与之多兮，折之何暴？天阳地阴，高厚相侔，上有河汉，鉱普错反天横流。百刻昼夜，平分不饶，皎不阴晦，一月几朝。二男三女，俗率如此，三男二女，无有其地。君子小人，鼻目并列，与小人校，会无百一，于百一中，以秀夺实。凡禀阴阳，生于其间，阳常不胜，贤者宜艰。自古皆然，欲复何言。抚孤一吊，拍棺一哭，咫尺不遂，涕下相续。期于没齿，尽力嗣子。呜呼哀哉，伏惟尚飨！

好友李方玄去世后，杜牧依旧兢兢业业地工作，造福一方，直到公元846年9月，朝廷调他到睦州担任刺史。

睦州又名新定郡，辖有六县：建德、寿昌、桐庐、分水、遂安、还淳等，治所在建德县（浙江建德）。和黄州、池州一样，睦州也是一个穷州。不过，杜牧在这里并没待多长时间，公元848年8月，杜牧升任司勋员外郎、史馆修撰。

第十八章

陨　落

人间惟有杜司勋

是数者相遭于多忘、格卑之中，书不得日读，文不得专心，百不逮人，所尚业复不能尺寸铢两自强目进，乃庸人辈也，复何言哉！

——杜牧《上刑部崔尚书状》

公元849年，杜牧赶赴长安，就任司勋员外郎。

当然，此次杜牧得以晋升，全赖宰相周墀[①]援引之力。周墀与杜牧关系友好，杜牧年少时就得到周墀的赏识。现在周墀当上了宰相，理所当然地提拔杜牧。得知自己晋升是因为好友周墀的赏识，杜牧极为感激，写信表示感谢，即《上周相公启》：

伏以睦州治所，在万山之中，终日昏氛，侵染衰病。自量忝官已过，不敢率然请告，惟念满岁，得保生还。不意相公拔自污泥，升于霄汉，却收斥锢，令厕班行，仍授名曹，帖以重职，当受震骇，神魂飞扬，抚己自惊，喜过成泣。

① 周墀，字德升，汝南人。长庆二年举进士及第，能作古文，有吏才。宣宗即位，他由义成军节度、郑滑观察使等职被召入朝为兵部侍郎，大中二年三月，以本官平章事。

司勋员外郎，从六品上，隶属吏部尚书，主要负责官员的勋绩。这年正月，唐宣宗追赏前江西观察使韦丹，下诏杜牧撰写《韦丹遗爱碑》。杜牧领命，作了《唐故江西观察使武阳公韦公遗爱碑》，他主要叙述了韦丹造福百姓的事情：

> 派湖入江，节以斗门，以走暴涨。辟开广衢，南北七里，荡渫污壅。筑堤三尺，长十二里，堤成明年，江与堤平。堤成明年，江与堤平。凿六百陂塘，灌田一万顷。益劝桑苎，机织广狭，俗所未习。教劝成之。
>
> 人能为屋，取官材瓦，免其半赋，徐责其直，自载酒食，以勉其劳。初若艰勤，日成月就，不二周岁，凡为瓦屋万四千间，楼四千二百间。

工作之余，已经接近知天命之年的杜牧便开始整理自己的文章。他在这年，从自己所写的文章中摘抄20篇，送给时任刑部崔尚书，并写了一封信《上刑部崔尚书状》，简述自己十余年来读书为文的情况：

> 某比于流辈，疏阔情怠，不知趋向。唯好读书，多忘；为文，格卑。十年为幕府吏，每促束于簿书宴游间。刺史七年，病弟孀妹百口之家经营衣食，复有一州赋讼，私以贫苦焦虑，公以愚恐败悔，仍有嗜酒多睡厕于其间。是数者相遭于多忘、格卑之中，书不得日读，文不得专心，百不逮人，所尚业复不能尺寸铢两自强目进，乃庸人辈也，复何言哉！

除了整理自己的作品，杜牧也没有停止写作。公元850年，杜牧写了《长安杂题长句六首》，借以讽刺朝廷权贵、官员内斗、享受的现状。

其一

觚棱金碧照山高，万国圭璋捧赭袍。
舐笔和铅欺贾马，赞功论道鄙萧曹。
东南楼日珠帘卷，西北天宛玉厄豪。
四海一家无一事，将军携镜泣霜毛。

其二

晴云似絮惹低空，紫陌微微弄袖风。
韩嫣金丸莎覆绿，许公鞯汗杏黏红。
烟生窈窕深东第，轮撼流苏下北宫。
自笑苦无楼护智，可怜铅椠竟何功。

其三

雨晴九陌铺江练，岚嫩千峰叠海涛。
南苑草芳眠锦雉，夹城云暖下霓旄。
少年羁络青纹玉，游女花簪紫蒂桃。
江碧柳深人尽醉，一瓢颜巷日空高。

其四

束带谬趋文石陛，有章曾拜皂囊封。
期严无奈睡留癖，势窘犹为酒泥慵。
偷钓侯家池上雨，醉吟隋寺日沉钟。
九原可作吾谁与，师友琅琊邴曼容。

其五

洪河清渭天池浚，太白终南地轴横。
祥云辉映汉宫紫，春光绣画秦川明。
草妒佳人钿朵色，风回公子玉衔声。
六飞南幸芙蓉苑，十里飘香入夹城。

其六

丰貂长组金张辈，驷马文衣许史家。
白鹿原头回猎骑，紫云楼下醉江花。
九重树影连清汉，万寿山光学翠华。
谁识大君谦让德，一毫名利斗蛙蟆。

看到朝廷粉饰天平，官员醉生梦死，尸位素餐，杜牧内心愤愤不平，心情非常不好。此时，杜牧自身也遇到了难题，自己虽然身为京官，但是没有多少俸禄，可他要养活自己一家，还要支助弟弟一家，生活过得极为艰难。于是，他主动给宰相写信，请求调任杭州刺史。经过再三请求，才得以外放湖州刺史。

得知自己的请求得到了批准，杜牧非常高兴。在赶往湖州的途中，他写了《将赴湖州留题亭菊》：

陶菊手自种，楚兰心有期。
遥知渡江日，正是撷芳时。

饮恨离世

以某月日，葬于少陵司马村先茔。铭曰：后魏太尉颙，封平安公，及予九世，皆葬少陵。嗟尔小子，亦克厥终，安于尔宫。

——杜牧《自撰墓志铭》

唐代湖州，又名吴兴郡，辖有五县：乌程、武康、安吉、德清、长城，治所在乌程县（浙江湖州）。相比于杜牧之前所治理过的黄州、池州、睦州，湖州则是相当富庶的大州。此外，湖州还是一个风景优美、人物俊秀的地方。杜牧来到此地后，饱览山水，结交良朋好友，写诗唱和，好不痛快。

他写《沈下贤》凭吊当地已故才子沈亚之：

斯人清唱何人和？草径苔芜不可寻。
一夕小敷山下梦，水如环佩月如襟。

他写信给居住在余杭的诗人李郢：

行乐及时时已晚，对酒当歌歌不成。

千里暮山重叠翠，一溪寒水浅深清。
高人以饮为忙事，浮世除诗尽强名。
看着白籁芽欲吐，雪舟相访胜闲行。

当地少年诗人严恽写了一首《落花》诗（春光冉冉归何处？更向花前把一杯。尽日问花花不语，为谁零落为谁开？），杜牧见后非常喜欢，便也不管认不认识，和了一首《和严恽秀才落花》：

共惜流年留不得，且环流水醉流杯。
无情红艳年年盛，不恨凋零却恨开。

一年很快就过去了，大中五年秋，杜牧内升为考功郎中、知制诰。得到朝廷的诏令，杜牧没有像之前那么兴奋，而是内心复杂。从进士及第到如今，已经过去20多年，可惜自己的政治理想却始终没有实现，也不可能实现，想到这里，他写下了《隋堤柳》：

夹岸垂杨三百里，只应图画最相宜。
自嫌流落西归疾，不见东风二月时。

当然，让杜牧更加伤心的是，在这一年，自己的弟弟抛弃了年幼的儿女，撒手人寰；自己的伯乐周墀被贬后也卒于他乡。

收拾好心情，杜牧在大中五年秋末冬初时到长安，就任考功郎中、知制诰，并于第二年升任中书舍人。中书舍人，正五品上，隶属中书省，“掌侍奉进奏，参议表章，凡诏旨救制及玺书册命，皆按典故起草进画，既下则署而行之”。可以说，这是一个非常重要的职位。

虽说升官了，但是杜牧丝毫高兴不起来。他知道，在大唐帝国腐败的朝堂上，根本没有他施展才能的机会。不过，尽管如此，他还是做好自己的本职工作，写了许多公文，《樊川文集》中有数十篇这类文章，都是杜牧在这个时间段写的。

大中六年冬天，杜牧得病。他认为，自己此次病重，已经无药可救，便写了墓志铭：

牧字牧之。曾祖某，河西陇右节度使；祖某，司徒、平章事、岐国公、赠太师；考某，驾部员外，累赠礼部尚书。牧进士及第，制策登科，弘文馆校书郎，试左武卫兵曹参军、江西团练巡官，转监察御史里行、御史、淮南节度掌书记，拜真监察，分司东都。以弟病去官，授宣州团练判官、殿中侍御史、内供奉，迁左补阙、史馆修撰，转膳部、比部员外郎，皆兼史职。出守黄、池、睦三州，迁司勋员外郎、史馆修撰，转吏部员外。以弟病，乞守湖州，入拜考功郎中、知制诰。周岁，拜中书舍人。

某平生好读书，为文亦不出人。曹公曰："吾读兵书战策多矣，孙武深矣。"因注其书十三篇，乃曰："上穷天时，下极人事，无以加也，后当有知之者。"

去岁七月十日，在吴兴，梦人告曰："尔当作小行郎。"复问其次，曰："礼部考功，为小行矣。"言其终典耳。今岁九月十九日归，夜困，亥初就枕寝，得被势久，酣而不梦，有人朗告曰："尔改名毕。"十月二日，奴顺来言"炊将熟甑裂"。予曰："皆不祥也。"十一月十日，梦书片纸"皎皎白驹，在彼空谷"，傍有人曰："空谷，非也，过隙也。"予生于角，星昴毕于角为第八宫，曰病厄宫，亦曰八杀宫，土星在焉，火星继木。星工杨晞曰："木在张于角为第十一福德宫，木为福德大君子，救于其旁，无虞也。"予曰："自湖守不周岁，迁舍人，木还福于角足矣，土火还死于角，宜哉！"复自视其形，视流而疾，鼻折山根，年五十，斯寿矣。某月某日，终于安仁里。

妻河东裴氏，朗州刺史偃之女，先某若干时卒。长男曰曹师，年十六；次曰祝柅，年十二。别生二男，曰兰、曰兴，一女，曰真，皆幼。以某月日，葬于少陵司马村先茔。铭曰：后魏太尉颙，封平安公，及予九世，皆葬少陵。嗟尔小子，亦克厥终，安于尔宫。

不久即死去，年仅五十岁。

杜牧一生有两个妻子。第一位妻子为郎州刺史裴偃之女，家庭条件较好。两人婚后生活非常甜蜜，不过遗憾的是，裴氏没过几年就与杜牧阴阳两隔。她为杜牧生了3个孩子，分别是杜承泽、杜晦辞、杜德祥。

后来，风流倜傥的杜牧又娶了第二位妻子崔氏。关于崔氏，史书记载极少，详细情况不得而知，只知崔氏也为杜牧生了3个孩子：杜兰、杜兴、杜真。

杜牧的后代里，杜承泽早夭，杜晦辞、杜德祥都当过官，而其余三人情况不详。

附录一

《新唐书·列传·第九十一　杜氏》（节选）

杜佑，字君卿，京兆万年人。父希望，重然诺，所交游皆一时俊杰。为安陵令，都督宋庆礼表其异政，坐小累去官。开元中，交河公主嫁突骑施，诏希望为和亲判官。信安郡王漪表署灵州别驾、关内道度支判官。自代州都督召还京师，对边事，玄宗才之。属吐蕃攻勃律，勃律乞归，右相李林甫方领陇西节度，故拜希望鄯州都督，知留后。驰传度陇，破乌莽众，斩千余级，进拔新城，振旅而还。擢鸿胪卿。于是置镇西军，希望引师部分塞下，吐蕃惧，遗书求和。希望报曰："受和非臣下所得专。"虏悉众争坛泉，希望大小战数十，俘其大酋，至莫门，焚积蓄，卒城而还。授二子官。时军屡兴，府库虚寡，希望居数岁，刍粟金帛丰余。宦者牛仙童行边，或劝希望结其欢，答曰："以货藩身，吾不忍。"仙童还奏希望不职，下迁恒州刺史，徙西河。而仙童受诸将金事泄，抵死，畀金者皆得罪。希望爱重文学，门下所引如崔颢等皆名重当时。

佑以荫补济南参军事、剡县丞。尝过润州刺史韦元甫，元甫以故人子待之，不加礼。它日，元甫有疑狱不能决，试讯佑，佑为辨处，契要无不尽。元甫奇之，署司法参军，府徙浙西、淮南，表置幕府。入为工部郎中，充江淮青苗使，再迁容管经略使。杨炎辅政，历金部郎中，为水陆转运使，改度支兼和籴使。于是军兴馈漕，佑得剸决。以户部侍郎判度支。建中初，河朔兵挐战，民困，赋无所出。佑以为救敝莫若省用，省用则省官，乃上议曰：

汉光武建武中废县四百，吏率十署一；魏太和时分遣使者省吏员，正始时并郡县；晋太元省官七百；隋开皇废郡五百；贞观初省内官六百员。设官之本，以治众庶，故古者计人置吏，不肯虚设。自汉至唐，因征战艰难以省吏员，诚救弊之切也。

昔咎繇作士，今刑部尚书、大理卿，则二咎繇也。垂作共工，今工部尚书、将作监，则二垂也。契作司徒，今司徒、户部尚书，则二契也。伯夷为秩宗，今礼部尚书、礼仪使，则二伯夷也。伯益为虞，今虞部郎中、都水使司，则二伯益也。伯冏为太仆，今太仆卿、驾部郎中、尚辇奉御、闲厩使，则四伯冏也。古天子有六军，汉前后左右将军四人，今十二卫、神策八军，凡将军六十员。旧名不废，新资日加。且汉置别驾，随刺史巡察，犹今观察使之有副也。参军者，参其府军事，犹今节度判官也。官名职务，直迁易不同尔，讵有事实哉？诚宜斟酌繁省。欲致治者先正名。神龙中，官纪荡然，有司大集选者，既无阙员，则置员外官二千人，自是以为常。当开元、天宝中，四方无虞，编户九百余万，帑藏丰溢，虽有浮费，不足为忧。今黎苗凋瘵，天下户百三十万，陛下诏使者按比，才得三百万，比天宝三分之一，就中浮寄又五之二，出赋者已耗，而食之者如旧，安可不革？

议者以天下尚有跋扈不廷，一省官吏，被罢者皆往托焉。此常情之说，类非至论；且才者荐用，不才者何患其亡，又况顾姻戚家产哉！建武时公孙述、隗嚣未灭，太和、正始、太元时吴、蜀鼎立，开皇时陈尚割据，皆罗取俊乂，犹不虑失人以资敌。今田悦辈繁刑暴赋，惟军是恤，遇士人如奴，固无范雎业秦、贾季强狄之患。若以习久不可以遽改，且应权省别驾、参军、司马，州县额内官，约户置尉。当罢者，有行义，在所以闻；不如状，举者当坐；不为人举者，任参常调。亦何患哉？如魏置柱国，当时宿德盛业者居之，贵宠第一；周、隋间授受已多，国家以为勋级，才得地三十顷耳。又开府仪同三司、光禄大夫，亦官名，以其太多，回作阶级。随时立制，遇弊则变，何必因循惮改作耶?

议入，不省。

卢杞当国，恶之，出为苏州刺史。前刺史母丧解，佑母在，辞不行，改饶州，俄迁岭南节度使。佑为开大衢，疏析廛闬，以息火灾。朱厓黎民三世保险不宾，佑讨平之。召拜尚书右丞。俄出为淮南节度使，以母丧解，诏不许。

徐州节度使张建封卒，军乱，立其子愔，请于朝，帝不许，乃诏佑检校尚书左仆射、同中书门下平章事，节度徐泗讨定之。佑具舠舰，遣属将孟准度淮击徐，不克，引还。佑于出师应变非所长，因固境不敢进，乃招授愔徐州节度使，析濠、泗二州隶淮南。初，佑决雷陂以广灌溉，斥海濒弃地为田，积米至五十万斛，列营三十区，士马整饬，四邻畏之；然宽假僚佐，故南宫僔、李亚、郑元均至争权乱政，帝为佑斥去之。

十九年，拜检校司空、同中书门下平章事。德宗崩，诏摄冢宰。进检校司徒，兼度支盐铁使。于是王叔文为副，佑既以宰相不亲事，叔文遂专权。后叔文以母丧还第，佑有所按决，郎中陈谏请须叔文，佑曰："使不可专耶？"乃出谏为河中少尹。叔文欲摇东宫，冀佑为助，佑不应，乃谋逐之，未决而败。佑更荐李巽以自副。宪宗在谅暗，复摄冢宰，尽让度支盐铁于巽。始，度支啬，用度多，署吏权摄百司，繁而不纲；佑以营缮还将作，木炭归司农，湅染还少府，职务简修。明年，拜司徒，封岐国公。

党项阴导吐蕃为乱，诸将邀功，请讨之。佑以为无良边臣，有为而叛，即上疏曰：

昔周宣中兴，猃狁为害，追之太原，及境而止，不欲弊中国，怒远夷也。秦恃兵力，北拒匈奴，西逐诸羌，结怨阶乱，实生谪戍。盖圣王之治天下，惟欲绥静生人，西至于流沙，东渐于海，在北与南，止存声教，岂疲内而事外耶？昔冯奉世矫诏斩莎车王，传首京师，威震西域，宣帝议加爵士，萧望之独谓矫制违命，虽有功不可为法，恐后奉使者为国家生事夷狄。比突厥默啜寇害中国，开元初，郝灵佺捕斩之，自谓功莫与二，宋璟虑边臣由此邀功，但授郎将而已，繇是讫开元之盛，不复议边，中国遂安。此成败鉴戒之不远也。

党项小蕃，与中国杂处，间者边将侵刻，利其善马子女，敛求繇役，遂致叛亡，与北狄西戎相诱盗边。《传》曰："远人不服，则修文德以来之。"管仲有言："国家无使勇猛者为边境。"此诚圣哲识微知著之略也。今戎丑方强，边备未实，诚宜慎择良将，使之完辑，禁绝诛求，示以信诚，来则惩御，去则谨备。彼当怀柔，革其奸谋。何必亟兴师役，坐取劳费哉?

帝嘉纳之。

岁余，乞致仕，不听，诏三五日一入中书，平章政事。佑每进见，天子尊礼之，官而不名。后数年，固乞骸骨，帝不得已，许之。仍拜光禄大夫、守太保致仕，俾朝朔望，遣中人锡予备厚。元和七年卒，年七十八，册赠太傅，谥曰安简。

佑资嗜学，虽贵犹夜分读书。先是，刘秩摭百家，侔周六官法，为《政典》三十五篇，房琯称才过刘向。佑以为未尽，因广其阙，参益新礼，为二百篇，自号《通典》，奏之，优诏嘉美，儒者服其书约而详。

为人平易逊顺，与物不违忤，人皆爱重之，方汉胡广，然练达文采不及也。朱坡樊川，颇治亭观林苾，凿山股泉，与宾客置酒为乐。子弟皆奉朝请，贵盛为一时冠。天性精于吏职，为治不皦察，数斡计赋，相民利病而上下之，议者称佑治行无缺。惟晚年以妾为夫人，有所蔽云。

子式方，字考元，以荫授扬州参军事。再迁太常寺主簿，考定音律，卿高郢称之。佑既相，出为昭应令，迁太仆卿。子悰，尚公主。式方以右戚，辄病不视事。穆宗立，授桂管观察使。弟从郁痼疾，躬为营方药羞膳，及死，期而泣，世称其笃行。卒，赠礼部尚书。

从郁，为左补阙，崔群等以宰相子为嫌，再徙秘书丞。终驾部员外郎。

子牧。

悰，字永裕，以门荫三迁太子司议郎。权德舆为相，其婿翰林学士独孤郁以嫌自白。宪宗见郁文雅，叹曰："德舆有婿乃尔！"时岐阳公主，帝爱女。旧制，选多戚里将家，帝始诏宰相李吉甫择大臣子，皆辞疾，唯悰以选召见麟德殿。礼成，授殿中少监、驸马都尉。太和初，由澧州刺史召为京兆尹，迁凤翔忠武节度使。入为工部尚书，判度支。会公主薨，悰久不谢，文宗怪之。户部侍郎李珏曰："比驸马都尉皆为公主服斩衰三年，故悰不得谢。"帝矍然，始诏杖而期，著于令。

会昌初，为淮南节度使。武宗诏扬州监军取倡家女十七人进禁中，监军请悰同选，又欲阅良家有姿相者，悰曰："吾不奉诏而辄与，罪也。"监军怒，表于帝。帝以悰有大臣体，乃诏罢所进伎，有意倚悰为相矣。逾年，召拜检校尚书右仆射、同中书门下平章事，仍判度支。刘稹平，进左仆射、兼门下侍郎。未几，以本官罢，出为剑南东川节度使，徙西川，复镇淮南。时方旱，道路流亡藉藉，民至漉漕渠遗米自给，呼为"圣米"，取陂泽茭蒲实皆尽，悰更表以为祥。狱囚积数百千人，而荒湎宴适不能事。罢，兼太子太傅，分司东都。逾岁，起为留守，复节度剑南西川。召为右仆射，判度支，进兼门下侍郎同平章事。

始，宣宗世，夔王以下五王处大明宫内院，而郓王居十六宅。帝大渐，枢密使王归长、马公儒等以遗诏立夔王，而左军中尉王宗实等入殿中，以为归长等矫诏，乃迎郓王立之，是为懿宗。久之，遣枢密使杨庆诣中书，独揖悰，他宰相毕諴、杜审权、蒋伸不敢进，乃授悰中人请帝监国奏，因谕悰劾大臣名不在者抵罪。悰遽封授使者复命，谓庆曰："上践祚未久，君等秉权，以爱憎杀大臣，公属祸无日矣。"庆色沮去，帝怒亦释，大臣遂安。未几，册拜司空，封邠国公，以检校司徒为凤翔、荆南节度使，加兼太傅。会黔南观察使秦匡谋讨蛮，兵败，奔于悰，悰囚之，劾不能伏节，有诏斩之。悰不意其死，骇愕得疾卒，年八十，赠太师。葬日，诏宰相百官临奠。

悰于大议论往往有所合，然才不周用。虽出入将相，而厚自奉养，未尝荐进幽隐，佑之素风衰焉，故时号“秃角犀”。

子裔休，懿宗时历翰林学士、给事中，坐事贬端州司马。弟孺休，字休之。累擢给事中。大顺初，钱镠遣弟銶率兵击徐约于苏州，破之，以海昌都将沈粲行刺史事，而昭宗更命孺休为之，以粲为制置指挥使。镠不悦，密遣粲害焉。始，孺休见攻也，曰：“勿杀我，当与尔金。”粲曰：“杀尔，金焉往？”与兄述休同死。

悰弟慆。慆，咸通中为泗州刺史。会庞勋反，围城，处士辛谠自广陵来见慆，劝出家属，独以身守。慆曰：“吾出百口求生，众心摇矣，不如与将士生死共之。”众闻皆泣下。慆之闻难，完濬城隍，阅器械无不具。

贼将李圆易慆，驰勇士百人欲入封府库，慆为好言厚礼迎劳，贼不虞慆之谋也。明日，伏甲士三百，宴球场，贼皆歼焉。圆怒，傅城战，慆杀数百人，圆退壁城西。勋闻，益其兵，而以书射城中促降。会夜，慆击鼓乘城大呼，圆气夺，奔还徐州。未几，贼焚淮口，昼夜战不息，谠乃请救于戍将郭厚本，贼解去。浙西节度使杜审权遣将以兵千人来援，反为圆军所包，一军尽没。慆使人间道走京师，诏戴可师以沙陀、吐浑兵二万招讨。淮南节度使令狐綯遣牙将李湘屯淮口，与郭厚本合，为圆所败，湘等并没，于是援绝。贼乃以铁锁绝淮流，梯冲乘城。粮尽，为薄饘以给。懿宗遣使加慆检校右散骑常侍，勉以坚守。勋遣圆入城见慆约降，慆怒杀之。勋复遗之书，答书言安禄山、朱泚等终底覆灭者，以阴携其党。勋累攻不得志，会招讨使马举率兵至，遂解去。围凡十月，慆拊循士，皆殊死奋，而辛谠冒围出入，纠辑援师，卒完一州，时称为难。贼平，慆迁义成军节度使，检校兵部尚书，卒。

牧，字牧之，善属文。第进士，复举贤良方正。沈传师表为江西团练府巡官，又为牛僧孺淮南节度府掌书记。擢监察御史，移疾分司东都，以弟顗病弃官。复为宣州团练判官，拜殿中侍御史内供奉。

是时，刘从谏守泽潞，何进滔据魏博，颇骄蹇不循法度。牧追咎长庆以来朝廷措置亡术，复失山东，钜封剧镇，所以系天下轻重，不得承袭轻授，皆国家大事，嫌不当位而言，实有罪，故作《罪言》。其辞曰：

生人常病兵，兵祖于山东，羡于天下。不得山东，兵不可去。山东之地，禹画九土曰冀州；舜以其分太大，离为幽州，为并州。程其水土，与河南等，常重十三，故其人沈鸷多材力，重许可，能辛苦。魏晋以下，工机纤杂，意态百出，俗益卑弊，人益脆弱，唯山东敦五种，本兵矢，他不能荡而自若也。产健马，下者日驰二百里，所以兵常当天下。冀州，以其恃强不循理，冀其必破弱；虽已破，冀其复强大也。并州，力足以并吞也。幽州，幽阴惨杀也。圣人因以为名。

黄帝时，蚩尤为兵阶，自后帝王多居其地。周劣齐霸，不一世，晋大，常佣役诸侯。至秦萃锐三晋，经六世乃能得韩，遂折天下脊；复得赵，因拾取诸国。韩信联齐有之，故蒯通知汉、楚轻重在信。光武始于上谷，成于鄗。魏武举官渡，三分天下有其二。晋乱胡作，至宋武号英雄，得蜀，得关中，尽有河南地，十分天下之八，然不能使一人渡河以窥胡。至高齐荒荡，宇文取之，隋文因以灭陈，五百年间，天下乃一家。隋文非宋武敌也，是宋不得山东，隋得山东，故隋为王，宋为霸。由此言之，山东，王者不得不为王，霸者不得不为霸，猾贼得之，足以致天下不安。

天宝末，燕盗起，出入成皋、函、潼间，若涉无人地。郭、李辈兵五十万，不能过邺。自尔百余城，天下力尽，不得尺寸，人望之若回鹘、吐蕃，义无敢窥者。国家因之畦河修障戍，塞其街蹊。齐、鲁、梁、蔡被其风流，因以为寇。以里拓表，以表撑里，混澒回转，颠倒横邪，未常五年间不战。生人日顿委，四夷日日炽，天子因之幸陕，幸汉中，焦焦然七十余年。运遭孝武，澣衣一肉，不畋不乐，自卑冗中拔取将相，凡十三年，乃能尽得河南、山西地，洗削更革，罔不能适。唯山东不服，亦再攻之，皆不利。岂天使生人未至于怗泰邪？岂人谋未至邪？何其艰哉！

今日天子圣明，超出古昔，志于平治。若欲悉使生人无事，其要先去兵。不得山东，兵不可去。今者，上策莫如自治。何者？当贞元时，山东有燕、赵、魏叛，河南有齐、蔡叛，梁、徐、陈、汝、白马津、盟津、襄、邓、安、黄、寿春皆戍厚兵十余所，才足自护治所，实不辍一人以他使，遂使我力解势弛，熟视不轨者无可奈何。阶此，蜀亦叛，吴亦叛，其他未叛者，迎时上下，不可保信。自元和初至今二十九年间，得蜀，得吴，得蔡，得齐，收郡县二百余城，所未能得，唯山东百城耳。土地人户，财物甲兵，较之往年，岂不绰绰乎？亦足自以为治也。法令制度，品式条章，果自治乎？贤才奸恶，搜选置舍，果自治乎？障戍镇守，干戈车马，果自治乎？井闾阡陌，仓廪财赋，果自治乎？如不果自治，是助虏为虏。环土三千里，植根七十年，复有天下阴为之助，则安可以取？故曰：上策莫如自治。中策莫如取魏。魏于山东最重，于河南亦最重。魏在山东，以其能遮赵也。既不可越魏以取赵，固不可越赵以取燕。是燕、赵常取重于魏，魏常操燕、赵之命。故魏在山东最重。黎阳距白马津三十里，新乡距盟津一百五十里，陴垒相望，朝驾暮战，是二津，虏能溃一，则驰入成皋，不数日间。故魏于河南亦最重。元和中，举天下兵诛蔡，诛齐，顿之五年，无山东忧者，以能得魏也。昨日诛沧，顿之三年，无山东忧，亦以能得魏也。长庆初诛赵，一日五诸侯兵四出溃解，以失魏也。昨日诛赵，罢如长庆时，亦以失魏也。故河南、山东之轻重在魏。非魏强大，地形使然也。故曰：取魏为中策。最下策为浪战，不计地势，不审攻守是也。兵多粟多，驱人使战者，便于守；兵少粟少，人不驱自战者，便于战。故我常失于战，虏常困于守。山东叛且三五世，后生所见言语举止，无非叛也，以为事理正当如此，沉酣入骨髓，无以为非者，至有围急食尽，啖尸以战。以此为俗，岂可与决一胜一负哉？自十余年凡三收赵，食尽且下。郗士美败，赵复振；杜叔良败，赵复振；李听败，赵复振。故曰：不计地势，不审攻守，为浪战，最下策也。

累迁左补阙、史馆修撰，改膳部员外郎。宰相李德裕素奇其才。会昌中，黠戛斯破回鹘，回鹘种落溃入漠南，牧说德裕不如遂取之，以为："两汉伐虏，常以秋冬，当匈奴劲弓折胶，重马免乳，与之相校，故败多胜少。今若以仲夏发幽、并突骑及酒泉兵，出其意外，一举无类矣。”德裕善之。会刘稹拒命，诏诸镇兵讨之，牧复移书于德裕，以“河阳西北去天井关强百里，用万人为垒，窒其口，深壁勿与战。成德军世与昭义为敌，王元达思一雪以自奋，然不能长驱径捣上党，其必取者在西面。今若以忠武、武宁两军益青州精甲五千、宣润弩手二千，道绛而入，不数月必覆贼巢。昭义之食，尽仰山东，常日节度使率留食邢州，山西兵单少，可乘虚袭取。故兵闻拙速，未睹巧之久也”。俄而泽潞平，略如牧策。历黄、池、睦三州刺史，入为司勋员外郎，常兼史职。改吏部，复乞为湖州刺史。逾年，以考功郎中知制诰，迁中书舍人。

牧刚直有奇节，不为龊龊小谨，敢论列大事，指陈病利尤切至。少与李甘、李中敏、宋祁善，其通古今，善处成败，甘等不及也。牧亦以疏直，时无右援者。从兄悰更历将相，而牧困踬不自振，颇怏怏不平。卒，年五十。初，牧梦人告曰：“尔应名毕。”复梦书“皎皎白驹”字，或曰“过隙也”。俄而炊甑裂，牧曰：“不祥也。”乃自为墓志，悉取所为文章焚之。

牧于诗，情致豪迈，人号为“小杜”，以别杜甫云。

顗，字胜之，幼病目，母禁其为学。举进士，礼部侍郎贾餗语人曰：“得杜顗足敌数百人。”授秘书省正字。李德裕奏为浙西府宾佐。德裕贵盛，宾客无敢忤，惟顗数谏正之。及谪袁州，叹曰：“门下爱我皆如顗，吾无今日。”太和末，召为咸阳尉，直史馆。常语人曰：“李训、郑注必败。”行未及都，闻难作，疏辞疾归。顗亦善属文，与牧相上下。竟以丧明卒。

附录二

杜牧诗歌选录

清明

清明时节雨纷纷，路上行人欲断魂。
借问酒家何处有？牧童遥指杏花村。

泊秦淮

烟笼寒水月笼沙，夜泊秦淮近酒家。
商女不知亡国恨，隔江犹唱后庭花。

山行

远上寒山石径斜，白云生处有人家。
停车坐爱枫林晚，霜叶红于二月花。

江南春绝句

千里莺啼绿映红，水村山郭酒旗风。
南朝四百八十寺，多少楼台烟雨中。

寄扬州韩绰判官

青山隐隐水迢迢，秋尽江南草木凋。
二十四桥明月夜，玉人何处教吹箫。

遣怀

落魄江湖载酒行，楚腰纤细掌中轻。
十年一觉扬州梦，赢得青楼薄幸名。

赠别

娉娉袅袅十三余，豆蔻梢头二月初。
春风十里扬州路，卷上珠帘总不如。

南陵道中

南陵水面漫悠悠，风紧云轻欲变秋。
正是客心孤迥处，谁家红袖凭江楼？

登池州九峰楼寄张祜

百感中来不自由，角声孤起夕阳楼。
碧山终日思无尽，芳草何年恨即休？
睫在眼前长不见，道非身外更何求。
谁人得似张公子，千首诗轻万户侯。

金谷园

繁华事散逐香尘，流水无情草自春。
日暮东风怨啼鸟，落花犹似堕楼人。

旅宿

旅馆无良伴，凝情自悄然。
寒灯思旧事，断雁警愁眠。
远梦归侵晓，家书到隔年。
湘江好烟月，门系钓鱼船。

叹花

自是寻春去较迟，不须惆怅怨芳时。
狂风落尽深红色，绿叶成阴子满枝。

题乌江亭

胜败兵家事不期，包羞忍耻是男儿。
江东子弟多才俊，卷土重来未可知。

题扬州禅智寺

雨过一蝉噪，飘萧松桂秋。
青苔满阶砌，白鸟故迟留。
暮霭生深树，斜阳下小楼。
谁知竹西路，歌吹是扬州。

池州送孟迟先辈

昔子来陵阳，时当苦炎热。
我虽在金台，头角长垂折。
奉披尘意惊，立语平生豁。
寺楼最骞轩，坐送飞鸟没。
一樽中夜酒，半破前峰月。

烟院松飘萧，风廊竹交戛。
时步郭西南，缭径苔圆折。
好鸟响丁丁，小溪光汎汎。
篱落见娉婷，机丝弄哑轧。
烟湿树姿娇，雨余山态活。
仲秋往历阳，同上牛矶歇。
大江吞天去，一练横坤抹。
千帆美满风，晓日殷鲜血。
历阳裴太守，襟韵苦超越。
鞔鼓画麒麟，看君击狂节。
离袖飐应劳，恨粉啼还咽。
明年忝谏官，绿树秦川阔。
子提健笔来，势若夸父渴。
九衢林马撾，千门织车辙。
秦台破心胆，黥阵惊毛发。
子既屈一鸣，余固宜三刖。
慵忧长者来，病怯长街喝。
僧炉风雪夜，相对眠一褐。
暖灰重拥瓶，晓粥还分钵。
青云马生角，黄州使持节。
秦岭望樊川，祇得回头别。
商山四皓祠，心与樗蒲说。
大泽蒹葭风，孤城狐兔窟。
且复考诗书，无因见簪笏。
古训屹如山，古风冷刮骨。
周鼎列瓶罂，荆璧横抛掇。

力尽不可取，忽忽狂歌发。
三年未为苦，两郡非不达。
秋浦倚吴江，去楫飞青鹘。
溪山好画图，洞壑深闺闼。
竹冈森羽林，花坞团宫缬。
景物非不佳，独坐如鞲绁。
丹鹊东飞来，喃喃送君札。
呼儿旋供衫，走门空踏袜。
手把一枝物，桂花香带雪。
喜极至无言，笑余翻不悦。
人生直作百岁翁，亦是万古一瞬中。
吾欲东召龙伯翁，上天揭取北斗柄。
蓬莱顶上斡海水，水尽到底看海空。
月于何处去？日于何处来？
跳丸相趁走不住，尧舜禹汤文武周孔皆为灰。
酌此一杯酒，与君狂且歌。
离别岂足更关意，衰老相随可奈何！

初冬夜饮

淮阳多病偶求欢，客袖侵霜与烛盘。
砌下梨花一堆雪，明年谁此凭阑干。

秋思

热去解钳釱，飘萧秋半时。
微雨池塘见，好风襟袖知。

发短梳未足，枕凉闲且欹。
平生分过此，何事不参差。

寄远

前山极远碧云合，清夜一声《白雪》微。
欲寄相思千里月，溪边残照雨霏霏。

七夕

云阶月地一相过，未抵经年别恨多。
最恨明朝洗车雨，不教回脚渡天河。

秋夕

银烛秋光冷画屏，轻罗小扇扑流萤。
天阶夜色凉如水，坐看牵牛织女星。

赠别二首

娉娉袅袅十三余，豆蔻梢头二月初。
春风十里扬州路，卷上珠帘总不如。

多情却似总无情，唯觉樽前笑不成。
蜡烛有心还惜别，替人垂泪到天明。

昔事文皇帝三十二韵

昔事文皇帝，叨官在谏垣。
奏章为得地，齰齿负明恩。

金虎知难动，毛釐亦耻言。
撩头虽欲吐，到口却成吞。
照胆常悬镜，窥天自戴盆。
周钟既窕槬，黥阵亦瘢痕。
凤阙觚棱影，仙盘晓日暾。
雨晴文石滑，风暖戟衣翻。
每虑号无告，长忧骇不存。
随行唯跼蹐，出语但寒暄。
宫省咽喉任，戈矛羽卫屯。
光尘皆影附，车马定西奔。
亿万持衡价，锱铢挟契论。
堆时过北斗，积处满西园。
接棹隋河溢，连蹄蜀栈刓。
漉空沧海水，搜尽卓王孙。
斗巧猴雕刺，夸趫索挂跟。
狐威假白额，枭啸得黄昏。
馥馥芝兰圃，森森枳棘藩。
吠声嗾国猘，公议怯膺门。
窜逐诸丞相，苍茫远帝阍。
一名为吉士，谁免吊湘魂。
间世英明主，中兴道德尊。
昆岗怜积火，河汉注清源。
川口堤防决，阴车鬼怪掀。
重云开朗照，九地雪幽冤。
我实刚肠者，形甘短褐髡。
曾经触虿尾，犹得凭熊轩。

杜若芳洲翠，严光钓濑喧。
溪山侵越角，封壤尽吴根。
客恨萦春细，乡愁压思繁。
祝尧千万寿，再拜揖余樽。

后　记

古人将立功、立德、立言立为三不朽标准。著书立说成为三不朽之一，写作的神圣可见一斑。而近代学者陈寅恪则说“盖古人著书立说，盖有所为而发”，写作要有所为而发。

虽然笔者从事专业写作十余年，时常与许多文献、文物打交道，也经常闲来写写东西，但是提及写姓氏的历史，依旧战战兢兢如履薄冰。一部姓氏的历史，且不说其所蕴含的中华文化丰富异常，是中华民族历史的一个缩影，单单说杜姓数千年的发展历史以及历朝历代的杜姓名人，杜姓的迁徙发展变迁，都已经是非常大的学术课题了，笔者何尝敢轻易尝试，也不曾有过写杜姓名人的想法！

不曾想，机缘巧合。2017年春，在与众多文友沟通过程中，华中科技大学出版社的编辑张丛女士向我约稿，希望笔者能够撰写一部关于唐朝京兆杜氏家族的图书。

大唐盛世，国人皆知，那可是中华民族历史上最辉煌的一段历史之一了。笔者对大唐帝国的荣耀历史也是神往，平时也时常关注，阅读相关史料。因此，转念一想，或许能够尝试一下，于是就应承了下来。

可谁知，纸上得来终觉浅，绝知此事要躬行。写作是艰难的，它不单单是愿不愿意坐冷板凳的问题，而是坐了冷板凳后能不能写好作品的问题。首先摆在眼前的是史料问题，虽说杜佑既是三朝宰相，又是史学大家，但是相关史料支离破碎，而杜牧的情况如出一辙。其次，既然是杜氏家族传，那么杜氏名人那么多，他们的生平事迹也不少，该如何筛选、谁重点叙述，谁可以一笔带过……

好几次都想放弃，但是奈何早已应承人家，于是在反复抉择中写作，最终写完本书。现在回想起来，这段写作经历，是笔者这一生记忆深刻的一段经历。

最后，感谢华中科技大学出版社张丛编辑。若没有她对本书价值的认同，没有她在本书的出版过程中不辞辛苦地提意见与帮助，恐怕本书难以在这么短的时间内与读者共享。对此，笔者对她表示深深的敬意。

由于本人学识有限，理论尚浅，错误疏漏在所难免，诚请学界同道和广大读者不吝指出，以期共铸精品。